WINTER
WORD SEARCH

In this challenging word search you will find the puzzle solutions going in ALL different directions: forwards, backwards, diagonally, horizontally, and vertically.

We hope that this book brings you hours of enjoyment!

Winter Word Search Puzzle #1

```
Z S F O Y Z T G N N A N W P E
S N E R Q U R R H Z O I Q P B
S P E C I A L O O N N C L Y G
L A O G S K I F O P L U X X C
P C L R P T I H R F R P U A W
O Y T P T J A B H G T I S J D
E K F R I X G T O J V O A O Z
A W W M U N F U I U U G P C I
M B Z A V E E U G C N T I D R
H G L C N B W L M I T T E N S
I E I R N Z I I D A Y R Y A Y
C Z C F I B A I N N F L B C A
T C S I B Q F A D T A K Z Z H
O R L G N I H S I F E C I J V
R D Z Z C A H Z K K A R G Q M
```

WINTER   ECSTATIC   BOUNTY
KWANZAA   ALPINE   AIRPORT
ICE FISHING   NICE   MITTENS
CANDLE   SPECIAL   ROOFTOP

Winter Word Search Puzzle #2

```
Y T I V C V L W C N Y R P K R T
K T X M F L Z K E P X T F T H J
Q Y X S P V R H S E X V M X R L
I E Y A D I G N N P A E L P T F
H V M X S X J D K T I C A E Y N
J V V H D E C E M B E R S H I B
N F A S K N Z H T A E R W U P Y
M S E R L E S N I T O C Q L D D
U P B A L E F N E L F U M E X H
T K D K C C W H J P L X O A O I
P H E V I T A L E R B Y W R D R
X L A N O I T I D A R T C Q R W
T J Q R J J G O L E L U Y S Z C
N D Y Q T D E S S E R T S J W U
W L G U F D J O S N A O H Q I G
P V U M C A R O L E R S F Y K Y
```

WREATH	HEALTHY	CAROLERS
RELATIVE	VIXEN	DESSERTS
YULE LOG	DECEMBER	TRADITIONAL
CHILLY	ELF	TINSEL

Winter Word Search Puzzle #3

```
F R J V G R H C T S S U V S E K Q
L Z C W K S W W E S F P D M B V W
A L I Z R E D I I M W Q G T O D B
V N I P J J L J S L I F P J A G J
O F O K U C R C O P N G S C L O Z
R W C O X U N P W V T Q H R N G K
F L A N N E L S H I R T F S W A L
U S U G A R P L U M Y E C I E Y J
L I R E A R E G G N O G T E V I Q
F H Q A C U C T J W W R Y H G O Y
T R G J C I L W F U C D K A X Y S
C E I P N A C E P A X N I N A Z Z
O K T M S G N I D I T O L U C G Y
M F N Y G O F R U I T C A K E J X
X M U L L E D W I N E Q I K F Y C
B Y K V E U F L S R K R J A F W S
H H M V P G F V I Y O C D H Y T V
```

FRUITCAKE	FLANNEL SHIRT	HANUKKAH
PECAN PIE	MULLED WINE	TIDINGS
FLAVORFUL	DREIDEL	EGGNOG
AFTERNOON	WINTRY	SUGARPLUM

3

Winter Word Search Puzzle #4

```
F  O  Y  U  H  S  L  A  M  R  E  H  T  T  P
P  E  C  A  L  H  G  F  E  F  H  M  T  M  L
L  D  A  A  N  V  U  Z  H  Y  Q  U  F  E  F
B  H  R  S  P  T  F  W  L  N  X  I  T  H  T
Q  P  D  U  T  E  E  R  T  E  N  I  P  I  R
X  Q  I  F  M  I  N  Y  T  I  N  E  R  E  S
J  E  G  O  S  M  L  G  H  B  W  H  E  V  K
D  K  A  C  S  L  E  D  U  M  Z  F  Y  O  L
O  S  N  G  B  O  X  R  M  I  F  R  I  C  E
Q  J  V  Y  N  Z  B  U  B  E  N  I  H  L  T
G  M  P  Y  X  F  A  G  L  O  O  D  W  L  I
H  H  R  I  L  A  T  K  E  W  Y  A  W  J  X
L  I  U  C  O  X  X  M  D  Q  Q  A  A  Y  A
C  M  C  K  A  K  D  N  U  O  B  W  O  N  S
X  Q  T  D  M  G  O  R  F  W  P  R  M  V  L
```

LATKE	FEAST	SLED
PINE TREE	SERENITY	PENGUIN
CARDIGAN	SNOWBOUND	THERMALS
BOX	DRUMMER BOY	HUMBLED

4

Winter Word Search Puzzle #5

```
T  W  K  D  D  Z  O  E  A  O  T  V  C  D  Z  L  D
H  L  C  I  G  A  W  J  S  C  W  Q  I  J  I  R  X
V  B  F  P  Z  N  E  V  F  D  I  G  W  S  L  W  Q
B  V  F  R  D  K  I  R  M  Z  N  B  P  B  S  O  E
G  L  N  V  R  X  N  M  B  F  K  C  U  I  K  L  A
K  S  S  B  T  B  K  K  R  R  L  J  B  C  H  V  B
B  L  W  O  L  W  G  Q  Z  A  E  V  W  X  M  E  U
Q  O  S  Y  Y  C  Z  N  D  N  W  G  P  W  X  S  P
Q  I  W  D  M  H  S  S  W  K  R  E  N  C  A  Q  B
Y  I  P  K  L  C  J  Q  U  I  L  T  S  I  P  U  T
Q  E  V  Y  T  F  A  R  D  N  P  U  Q  U  G  A  V
E  A  X  J  H  Y  K  R  E  C  N  A  D  A  O  S  M
D  Q  Z  S  S  W  O  B  D  E  R  M  T  V  T  H  V
S  Y  A  V  Z  V  H  P  X  N  H  E  J  N  B  S  V
L  N  F  H  T  I  A  T  H  S  H  C  S  Z  A  L  I
F  T  F  R  M  E  H  O  E  E  Q  V  L  Y  B  S  R
R  C  H  U  J  F  E  V  K  O  V  N  W  B  E  O  T
```

QUILT
SQUASH
SANTA
GINGERBREAD

FRANKINCENSE
HOUSEWARMING
WOLVES
TWINKLE

DRAFTY
CHEER
DANCER
RED BOW

Winter Word Search Puzzle #6

```
R Y Z F J W F S T U J O G H
H C N I R G L P H A B A R E
L J E R U S A L E M T Z Q F
A W R E D U T I T A R G A M
U K N P Q V P K C T A U S C
G V Y L P K D A Z Z L I N G
H O G A T H E R I N G W O O
T J A C K E T S S N L B W L
E C H E S T N U T S H J B D
R U C T Q C X G D O D O O J
B R L I V A X I M L L Y A Q
S T T H B N G C V I N O R E
K B A V G I E R R U O U D V
O N P I V C H P W K A S J N
```

GATHERING   SNOWBOARD   DAZZLING
JACKETS   GRINCH   GRATITUDE
CHESTNUTS   LAUGHTER   JERUSALEM
GOLD   JOYOUS   FIREPLACE

Winter Word Search Puzzle #7

```
F E Y D E D L R S X Q F F Y E H K J L
B D F I E W G N I F X M H F C Q Y N U
S T Q H Y T L X P O W D E R A B J X A
D G Y W S H I S Z U Q O J J E W X I R
Z S I L N B Q R D L T W A R M J B X U
Z J W M U K Q G I Q F N N T D W W Y K
W U O O G W N O K P Z H V H U W V Z F
S L E I G H B E L L S I P D M C V S W
B V M X L K H A X G M L X S Q S Q H W
M W T V E R Z R A B R L R B S I V Z R
C V X W S U K M G Y E S N K Z Q G V G
K L N S W I C U G N T K I Z K U H N A
Z G H S F L C F P P I I F S M Q D H S
P T U S C A R F M Q A I U P B G L P M
C I P C C B G S E B S N Y C Y W Q G U
C A N D L E L I G H T G O O M A Z Q D
N F F S M P F J O O C Q J V Q X P P J
P C L E I F W T A P J T O P N B M G K
W Y N D W Q U F P E R J P E J S S Q N
```

CHEF	CANDLELIGHT	SLEIGH BELLS
SNUGGLES	HOPE	DOWNHILL SKIING
POWDER	CAFE	WARM
SCARF	SPIRITED	EARMUFFS

Winter Word Search Puzzle #8

```
T  S  E  T  A  K  S  E  C  I  V  R  D  T
C  R  Y  S  T  A  L  T  Q  J  S  N  L  N
E  V  P  L  C  G  D  C  N  L  C  X  C  X
O  V  C  I  C  Y  G  V  O  E  R  T  H  I
K  A  P  P  L  E  P  I  E  A  S  L  V  A
T  E  V  E  R  G  R  E  E  N  T  E  E  E
I  S  X  F  B  L  A  N  K  E  T  S  R  I
T  R  A  N  Q  U  I  L  X  C  N  U  M  P
K  M  X  P  U  H  F  Y  C  I  G  Z  R  Z
T  H  N  W  O  T  N  W  O  D  W  O  B  E
Y  M  H  Q  P  F  M  A  S  U  Z  L  V  F
G  B  U  B  Y  J  K  E  A  V  L  W  M  C
M  V  I  Y  E  B  F  A  G  S  Q  P  N  Y
A  S  H  X  C  E  G  T  D  P  H  U  O  A
```

ICE SKATES	DOWNTOWN	BLANKETS
CRYSTAL	NUTMEG	EVERGREEN
COATS	ADVENTURE	PRESENTS
TRANQUIL	ICY	APPLE PIE

8

Winter Word Search Puzzle #9

```
M G M Q Y I U W K W E Z C W S L K
V F R Y J I G N M I R A G C F I V
E X E A R E C E I V E Z Y V Q X H
K H C T N A X Q J Q J W S W R R W
U A H N A D U L Q I H C X Y L T D
U K U W O N P N K L I U I Z K S P
Q V V S R I A A A A J T M L E I L
D H A N W N T R R J J Z M I W V M
W B S Z O A M A G E H U W Q Q R X
S O V C H I L D R E N A I H O A H
X N O F F S T N F B M T X G T J L
T E N D E R S A U R E O S Y A C U
O U O A S N U U N T R L P R P F G
I O B I G T H I E O F L E I U L Q
N U M Z C A O I T J D V C C V U J
K B J F E C T V G I K E D E Z I S
X I C L X J I E E Q S Y T Q H B I
```

POMEGRANATE

TENDER

CELEBRATION

WALNUT

JANUARY

RECEIVE

CHILDREN

DONATION

WOODSTOVE

ELF

GRANDPARENTS

FRUIT

Winter Word Search Puzzle #10

```
F  L  R  F  Q  K  S  U  L  L  M  F  R  L  E
Q  N  S  N  H  P  J  G  G  N  W  Z  Q  U  J
I  Q  L  W  C  F  N  Y  N  T  K  Z  B  E  N
T  N  I  K  X  B  B  R  V  I  L  B  X  D  Y
O  D  P  A  X  G  O  Z  E  T  G  O  F  N  T
C  S  P  E  Y  E  N  O  H  D  A  G  E  A  S
R  L  E  B  O  N  W  Z  L  E  I  H  E  O  F
Q  E  R  A  I  E  W  C  B  A  P  C  W  L  S
W  I  S  A  S  R  S  O  E  N  C  Q  T  Z  B
W  G  K  K  B  O  P  O  Y  S  T  I  T  O  H
Q  H  H  O  U  S  N  K  X  D  P  S  G  U  H
R  U  D  E  L  I  C  I  O  U  S  R  E  A  I
Q  K  H  M  F  T  N  N  V  R  Z  I  U  E  M
I  P  I  Y  M  Y  R  G  Q  Q  W  X  U  C  O
K  E  Q  M  B  F  T  M  N  U  M  M  E  S  E
```

HONEY	DELICIOUS	SLEIGH
SLIPPERS	MAGICAL	SEASON
LEGGINGS	GENEROSITY	HUGS
COOKING	HOT CIDER	SPRUCE

Winter Word Search Puzzle #11

```
L J V P P Q N L O Z L R X Q B S P N
C X K W K S E O T A T O P T E E W S
R W X R L R V C S D W S R C Z D I J
L I R T H I Z U P V W L A R K W N X
U G S E C N A L G Y N C N G C G D U
Q W V B Y L I M A F O X C S E Y Y U
K D G B O L D E M V S F E C Q V Q O
W Z P N U U B N S V I O R P E P U M
M K S O D I H B H I L T U I A D O U
C V G J H E I Q U G V B S N D T O Q
K U F N W S D Q I B E K G E R K S H
Y F U S I O K I R J R C F C F O Z X
K L V R J D T R S N S N J O R D I J
R L X Q S A D B O A C K D N H X F T
D K Y J P W N E F W E X W E K P I F
P U R U K I G H L S C S Q A C W M O
T L F X S D F J T S R I I Z H E G K
G V E M P Q V B Y Q K I Y G T M Y P
```

SWEET POTATOES   FAMILY   SILVER

WORKSHOP   PINE CONE   GLANCE

BUBBLY   PRANCER   WINDY

FESTIVAL   SEASIDE   SLEDDING

Winter Word Search Puzzle #12

```
C X I H N K M R L S J N Z O X S T
M V C Y W X Z A E O G R E M V H Z
E O S R G G B J Y I D J D R S O A
J L I Z K R A B S Q P G Y X N V F
H L B P X E O I C V X E I R U E M
M A W U X Y O Y N A F W O N G L R
Z D L C A G N I D D U P Y G G I F
Y Q K L I B Y C K I R W E N L N F
U K V K W D E R C I Q L W X E G H
T B O G D A E A P Q L V E X X P Q
B S E P E N Y R N C Z V W G C Q Q
N S V C E C Q B W I C B S W Q D M
J K D M A E G G D W E V X Y Q X R
Y P Q Y W R H N K F J C G P D I B
I Z V O D E B S O I K R C Y Y X J
P O M X A D C M O H C A K W B N P
K D A F X S F X E D Z Z N J T Z J
```

HALLWAY   LODGING   SHOVELING
BEANIE   CIDER   FUR
SNUGGLE   BAUBLE   EMBRACE
DANCER   FIGGY PUDDING   SHEEP

12

Winter Word Search Puzzle #13

```
I X H I C M E D U L I M D I K B R P D
P C I H E G U M K I Z E X K B L B Q M
U C L Y Q C B R D S F X J S Q H O T P
F S P I R I T E D V U W S T K L I I F
K C S Z G M O G Q E Z A A V U Y J S Y
S C O W C P A C N H R R L N Z S Z T K
F A O E F B Z H S I R E H C P N X H I
V I Z L W S O G J U K B T N A C C E C
D K R C D U S G N I K C O T S T E S I
R W Z E O F M E P W I L K Q U P N E U
P X U R W P L G K B X N N R H B M A S
R N Q M N O Z A E Y T F X T A K T S S
T C G T J J O Y K N G F D Y T X D O B
K M O Q A J S D M T T Y M H U E N N H
O V L Z C G K P J Y Z R J U V M T H H
A V Y F K F N G Z C U V A K B L E V L
I K S S E R P A N G E L S D S P E M P
J U X D T J B C V O S Y E Z L Y S O I
B O M F Y Y S K W Z P X S K S H B L F
```

HOT BUTTERED RUM   FIREWOOD   CHERISH

APRES SKI   YULE   DOWN JACKET

ANGELS   SANTA CLAUS   KING

TIS THE SEASON   STOCKINGS   SPIRITED

Winter Word Search Puzzle #14

```
U  O  J  Y  E  I  T  D  F  S  R  M  P  V  A  N  Q  N
J  F  R  O  S  T  B  I  T  T  E  N  B  E  T  M  V  U
P  I  E  F  L  I  A  F  D  G  P  I  S  S  L  G  H  T
E  A  R  L  N  L  S  K  M  I  L  M  K  P  A  R  O  N
N  M  R  E  K  L  Y  B  S  D  N  R  G  X  L  C  J  K
G  D  L  E  L  J  W  S  E  E  Z  G  K  T  C  J  B  T
U  N  Q  C  N  T  Z  S  O  L  R  S  S  O  E  L  B  M
I  O  I  E  H  T  N  Z  L  K  A  U  J  R  G  L  L  V
N  Q  Y  D  H  Y  S  A  D  Z  Y  B  G  W  X  P  A  Q
S  Q  U  N  D  G  C  Y  D  E  O  T  O  I  Z  P  A  Q
P  E  C  G  J  U  U  U  S  H  I  V  E  R  F  S  D  Y
E  D  U  K  C  I  P  A  Z  O  J  S  I  G  A  A  U  K
C  P  I  K  N  S  R  E  L  U  Z  X  V  Y  S  T  H  B
A  C  R  N  S  H  H  K  E  S  R  C  Z  N  Z  K  E  C
A  O  C  H  O  P  Q  W  L  F  Q  D  O  C  J  H  U  P
T  X  Z  I  K  B  L  J  X  G  F  U  I  X  E  X  F  E
Z  D  K  O  A  B  A  O  Y  M  H  O  B  O  X  F  C  H
A  K  Z  J  C  S  L  M  V  I  G  Q  T  V  C  T  J  I
```

FIGURE SKATE   LAUGH   ANTLER
PENGUINS   SHIVER   ELABORATE
PARENTS   JOLLY   FLEECE
FROSTBITTEN   TOFFEE PUDDING   TIDINGS

Winter Word Search Puzzle #15

```
W Z N M D F X A I R A Z J P R A F K T L
M P L G M O O B T P E L R J Y W Z C U Q
N I E T D N K D W V L E S R N O W V K U
G V C H E C I D O U L R J S G E Q J D K
N M J U Y G P Y P J O J O D R E I D E L
J K L Z X U O G T Q J U U E X A J Y C C
A S L M F G A O E P G K T H J N T D O H
K K J U P D L N R E L I J D Y I C S R R
X M Z R R K E H J C I I T P O B B U A I
Y S T N E S E R P Y S Y K D B O D E T S
N J O S D C H R I S T M A S M A R K E T
B A P G W S M N W T E I J Y C U A S S M
Q M L X O W X B I O N Z V W S H K Y L A
E D C X O Z X B W U D U X I Z W J Z V S
O Z G Y D Q I S B I N D Z K T A Q P Q E
Z D T T G H R R B T U D X E L A S I C V
Q P C G S R J J U K V N H M F O N M S E
F S K M T B Y Y H L P U E N O F I B Z R
O H Q V L B Q H W E H D B G S D A S V J
G K L B F X W Q Z C Q L S D G D Y Q L W
```

STARS   SCROOGE   PRESENTS

DREIDEL   CHRISTMAS EVE   NATIVITY

OUTDOORS   DECORATE   REDWOOD

SALE   CHRISTMAS MARKET   GLISTEN

Winter Word Search Puzzle #16

```
X V I D N Y U Z U I S N U P D B W
C E T I S B Y Q Y K Y V O Z X C D
S K Q Q G K D H B W N N C W U H V
O F R N S B R X R O A I I H Z Y M
L P D C B H K M N B R I G H T E N
U D A D I V A N Z I L E F H S N A
I L F R L A M R E H T F K F Q K U
N K V M W Q Y S A I R P L A N E G
F O M A P Z G I M B G R X M B D H
F Y E D E D C M Q O W P Y T W A T
G Q G Y S N O W S T O R M M Z H Y
K K T Z G D S G R A M C N M S R N
A T O C Q T Z Y L E F X H X Q Z L
Y H K Y L E M F F U A N K E U G Q
F A M F G U U L H R M T W P O G H
L E E Q Q K H W T P D Y H N K X A
H Q T D P Y Q Q A E S O O S N Z T
```

SHINY	FELIZ NAVIDAD	BAKER
WRAP	THERMAL	WREATHS
MYRRH	SNOWSTORM	SMOOCH
NAUGHTY	AIRPLANE	BRIGHTEN

Winter Word Search Puzzle #17

```
N P U Z M I E S K E Z J Y I Q
U E J Z Z S C L H Q C T J R U
T T Z R M A R O O A O V Q J U
V N G T G I J P L P R O B E U
C P E P I X T E I B H O K M F
H O A M S L B S D E A T N T F
R L M L R L B G A Z T Z R E K
B A V Q F A O A Y E Z L W O M
F R O X R N E R V I F Z T R N
R B Z N T N G D A P P T V N R
O E Q L P E T E N C K R K A Z
M A T H O O D Z K E F L N M Q
Y R G N B X R X M E F Q W E F
U S G H I V Y N R I B B O N S
A J H S N W V Q I O S S O T C
```

ENDEARMENT	MENORAH	ORNAMENT
SLOPES	FEAST	WINTER
POLAR BEAR	HOLIDAY	BLITZEN
NORTH POLE	CAROL	RIBBONS

Winter Word Search Puzzle #18

```
S  L  U  C  O  S  F  O  E  J  P  X  Q  L  J  J
H  L  H  X  I  L  C  V  A  V  W  G  L  G  L  D
O  E  A  I  O  P  G  I  I  M  C  X  U  Q  Q  O
P  S  F  Z  Q  Y  J  X  W  E  G  S  G  L  O  W
P  A  H  N  C  S  R  E  U  N  I  T  E  A  B  M
I  R  I  H  Y  O  G  N  W  H  U  P  G  P  Z  G
N  U  A  N  R  S  A  C  Z  V  O  G  Z  S  P  F
G  P  M  H  J  W  R  E  N  N  I  D  Y  O  Z  U
S  E  L  U  S  E  I  R  R  E  B  N  A  R  C  S
I  T  F  R  L  V  I  N  S  E  K  T  A  L  L  P
S  C  B  Z  D  F  M  C  Y  A  M  K  Y  E  D  B
H  P  U  C  X  W  U  H  I  D  X  H  V  S  J  H
W  T  Q  M  F  A  R  K  R  Y  O  Q  S  Q  U  H
T  O  F  U  S  D  W  W  O  O  L  C  O  A  T  Q
O  F  J  N  U  N  B  V  Z  O  C  M  M  T  C  M
K  G  M  G  Z  Z  C  A  B  U  B  J  T  R  Z  F
```

TEA	DINNER	VIXEN
GLOW	CRANBERRIES	CASHMERE
SHARP	LUGE	LATKES
REUNITE	SHOPPING	WOOL COAT

Winter Word Search Puzzle #19

```
T  Z  V  W  V  N  E  N  G  A  P  M  A  H  C
K  C  Y  C  K  S  G  Q  G  P  C  B  V  W  T
V  L  R  M  Z  R  S  T  C  B  H  X  L  M  K
Y  L  O  Q  P  E  O  A  I  L  K  U  F  I  P
F  U  L  F  K  A  Y  W  C  K  E  C  V  A  C
F  R  U  I  T  C  A  K  E  S  S  H  F  U  R
M  F  G  T  C  S  S  C  A  R  D  I  N  A  L
R  A  Q  X  V  C  T  U  M  W  I  D  R  S  X
P  W  M  J  B  F  Z  A  O  R  R  F  B  B  Q
W  Q  Q  E  C  P  F  I  O  N  T  D  W  P  P
S  E  T  A  R  B  E  L  E  C  I  S  J  Q  I
N  P  V  W  Q  R  T  E  S  O  N  M  M  J  F
Z  B  A  S  E  S  Y  R  S  Z  T  I  U  Z  D
C  R  M  I  S  P  U  A  U  Y  V  W  A  L  Q
S  S  Z  L  L  A  F  W  O  N  S  L  T  R  F
```

LUMINOUS	SNOWFALL	RAINCOATS
MERRY	CHAMPAGNE	BRISK
CARDINAL	FIREWORK	COZY
LOFT	CELEBRATE	FRUITCAKES

19

Winter Word Search Puzzle #20

```
R  V  N  M  D  N  P  C  K  J  G  F  R  T  K  G
T  E  J  I  R  E  D  R  X  V  W  P  B  P  C  C
W  R  J  A  I  O  C  C  A  S  I  O  N  K  R  R
H  N  S  O  V  S  L  O  Z  E  S  Q  O  O  G  Q
G  F  I  E  I  Z  E  A  R  L  F  I  R  L  H  M
S  B  L  H  N  C  K  I  O  A  P  M  L  N  O  U
J  E  Z  O  G  T  E  T  T  Y  T  U  R  Z  C  F
H  J  M  O  T  R  I  P  S  I  A  I  V  E  K  G
Z  W  M  I  M  U  E  M  C  W  R  P  O  T  E  K
X  D  C  V  T  R  R  W  E  M  O  A  D  N  Y  D
P  L  R  R  P  R  J  K  J  N  J  T  H  D  P  T
U  J  V  P  A  E  E  N  E  D  T  P  G  C  C  G
S  A  I  H  A  E  A  T  O  Y  J  A  A  C  S  M
A  J  Z  P  V  Z  B  B  N  A  X  Y  L  F  D  P
J  T  U  V  Z  F  O  L  C  I  G  Z  K  E  A  U
U  N  T  S  A  M  O  I  T  Y  W  T  Y  K  R  Z
```

DRIVING	SENTIMENTAL	HOCKEY
CHARITIES	DECORATION	TURKEY
WINTERTIME	DEER	WOOL
REJOICE	OCCASION	TRIPS

20

Winter Word Search Puzzle #21

```
T H A R R I Y C T E P V M X L D P P
W M G F G V W X L L E N U O H S L E
X S L L Q H E Y O I N X U H M F J X
W A S J I T X I A P F V I M A Z C U
P X T E T S H O P R I N G U R V P A
S Q I S N D T U R Z X K U X H F N Y
N W Y M A D I E W O O Z L B Q E I K
A B E K K H N G N I P P A L C X M B
P B E E U Y F I G S L E M A R A C J
O Y W J T Z J A K N J G C N Z P E T
B S D T Q P G C X L E P U K U U W C
M R E O T Y O N W B X S Z E G R A T
I C M Q N M S T C E B X N T S D Q F
V S H I S N O W A N G E L G T T E Q
H V X P C I E S P T U O V A X W G K
Q D S A S Y Y R A M O C K A Y U C F
U K V Q L H S X F D S E Y A O P X L
E B S C N Z M Z Z Y X W S K M V E R
```

CARAMELS	GUEST	SNOW ANGEL
DONNER	MARY	SWEET POTATOES
KINDNESS	RING	BLANKET
CLAPPING	FIGS	GLISTEN

Winter Word Search Puzzle #22

```
T A U I H A L I J S P T Y G C N
M R G O T O Y S F J E J D P O G
B H E C N E M H S E N I B G O E
T H S D H K R E K I S R N D K S
M K L X I A N E M P K T N A I K
O Z D S U C N B L A C K I C E O
Z U V E U Z D D R C D T Q V S B
Z G T A I V Y E E M I E A A E O
T B G S D F X T C L C C A J Q B
I I Y O P C S G D I I H I A Y L
Y D L N B I C I P T P E N W L L
R I I A E I Q C T V K P S R H I T
R D X L T W F X D A C H K T H C
T R E R D R N F S Y S L E E P Y
V O X L F L W J X Q Q C O L F M
H P W E A V N Y B R E B K I S W
```

SLEEPY   HOMEMADE   ICICLE
BLACK ICE   CHANDELIER   SEASONAL
SPICED CIDER   COOKIES   BEANIES
FESTIVE   TOYS   SATISFIED

Winter Word Search Puzzle #23

```
M A R S H M A L L O W H X R E J
S U B W W Z V U Y K S T H G I N
T D I A V E Y Z V M A J W H R U
B H E N Y A N T J X N I N Z P H
Z E G P J K O I C T T Z A G Z T
I F A I P A B B W K A S A H X K
I A Y U L F I R E D K A E J B X
A X J U T I P N I O E X D V W T
Q E C X U I W P T G U L G T I Q
D D A B V A F T P S H Q L T G J
B H Q L D I I U P L U T S U B U
Q H E Q F P C B L E C A E P M R
U Y U X Y L X B H D U T F B S N
E F M C Z F I C R W R J W B T G
Q T R Y K V O W C V V M V R W E
H B I W P E T R A M A Z X H I S
```

NIGHT SKY	TWILIGHT	PEACE
VEST	SANTA	BEAUTIFUL
FIRE	BRIGHT	DOGSLED
SWAN	MULLED WINE	MARSHMALLOW

Winter Word Search Puzzle #24

```
E S G V N B X L B L F G X C J M K T
B H S E O M X J J Z U M M Q L D S M
Y K B Y A S G Y T K P F I W V Z I F
N P K H G P A R T Y U F E S T I V E
T V G O L D E N E P D M R C M T C F
I S J A L L T M P E N Q Y I A Y B P
F J W R B L A N K E T S N Y E E M D
W H D L S T E W A S U I K Z X N P S
U K Z A C B F R R U D V N A I I D R
M X V A C G N I L I M S B G H O N S
G Y R X J R C N G T E S N U S N B A
G N E J Z T N R M O K J P T K D S N
Q D I E H V H W A C O J F R T C U I
L Q E P N G V Y A V F B V X Y X I V
A R D N P O Z Q M V E H R S P V C Z
U Z R R P O X B L X A T Q T Y D V W
C N A P A K H Z B F X E I U V M W A
P O P C O R N S T R I N G H Q W Y E
```

GIFT BAG   FRIENDS   POPCORN STRING
PARTY   PEACEFUL   SHOP
GOLDEN   FESTIVE   GREETINGS
SMILING   BLANKETS   SUNSET

Winter Word Search Puzzle #25

```
H  L  W  U  P  E  P  P  E  R  M  I  N  T  X  B
F  P  F  K  P  D  S  X  T  E  D  P  W  U  D  X
E  V  E  B  J  O  K  U  V  E  R  W  O  B  Q  H
T  L  Y  A  K  R  B  U  O  T  L  T  K  S  D  I
E  N  G  Z  C  Y  V  S  D  N  A  A  E  D  A  X
K  V  S  N  S  O  P  R  H  Z  I  I  H  N  R  W
B  D  Z  W  I  X  A  D  Z  J  P  M  U  C  I  A
O  V  E  F  A  R  C  T  E  T  O  B  U  A  G  P
V  H  F  X  Y  R  K  S  H  S  M  U  P  L  R  D
F  K  G  V  A  F  A  S  I  Z  S  M  Y  M  S  W
G  W  Z  X  V  L  G  D  I  J  J  E  G  E  L  O
L  X  Q  G  X  A  E  O  I  R  W  D  L  U  I  C
P  X  F  S  W  C  C  R  S  A  K  L  I  B  I  F
O  J  I  D  V  D  Q  J  L  B  T  F  F  V  H  W
Y  C  F  K  N  Y  K  L  Y  U  L  E  L  O  G  C
J  O  V  A  L  L  A  F  W  O  N  S  Z  B  Z  I
```

PEACOAT	BLESSED	PEPPERMINT
SNOWFALL	RADIATE	PACKAGE
PINE TREE	LUMINOUS	CHALET
RELAXED	YULE LOG	KRIS KRINGLE

Winter Word Search Puzzle #26

```
T  C  I  Z  N  U  L  W  L  D  X  M  U  Z  P
K  E  P  Z  R  I  U  F  T  F  W  R  N  T  M
R  N  G  N  G  S  S  Z  A  L  B  W  V  C  D
G  E  M  U  Z  D  E  R  Q  M  W  A  I  K  G
Q  B  R  V  L  A  U  Q  E  J  I  C  K  W  A
H  Z  N  A  M  S  L  G  A  L  C  L  K  N  Q
S  W  U  E  W  Q  K  A  X  W  T  L  Y  J  V
Y  K  Y  P  D  R  X  R  L  N  V  N  G  C  P
O  V  A  L  Y  V  E  P  A  A  H  M  A  I  U
Q  R  P  S  V  O  A  V  H  P  L  O  D  U  R
P  T  N  L  E  U  C  C  L  B  S  A  U  S  N
G  N  O  A  B  M  F  G  A  I  W  T  L  X  U
B  K  H  Y  T  M  A  T  A  F  S  E  Y  A  K
S  Q  N  E  V  E  R  G  R  E  E  N  B  K  F
L  L  N  K  W  N  O  I  T  I  D  A  R  T  K
```

FALALALALA	SILVERWARE	RUDOLPH
LUGE	ORNATE	SPARKS
TRADITION	EVERGREEN	GAMES
CAFE	ANTLERS	FAMILY

Winter Word Search Puzzle #27

```
X  I  P  E  U  D  L  S  R  G  I  E  G  A  Q  H
Y  Q  B  W  U  F  W  T  N  E  J  Z  V  F  T  W
E  G  J  U  N  K  E  A  X  O  D  Y  F  J  N  E
Y  N  N  E  I  O  K  E  E  U  W  N  M  P  M  K
Q  L  Q  I  R  S  I  I  B  O  N  Y  O  J  R  B
A  N  Q  R  K  T  E  T  X  L  T  R  O  W  Z  P
W  S  K  I  H  A  T  O  A  E  Y  O  X  W  F  D
S  A  F  W  N  N  B  D  H  C  I  K  Z  S  L  J
C  A  R  I  N  G  Z  D  F  S  A  L  R  E  P  L
E  Y  Q  E  I  E  I  L  T  Q  W  V  R  W  C  R
C  V  W  W  B  L  M  E  B  E  N  O  R  Z  R  X
V  I  Z  M  U  M  Y  R  V  W  D  P  N  A  K  T
W  R  K  S  L  L  E  B  H  G  I  E  L  S  R  D
B  E  B  U  O  I  V  C  S  C  I  P  E  A  M  V
K  H  P  O  L  A  R  B  E  A  R  K  P  V  P  N
Y  S  R  H  E  L  U  U  C  D  P  P  Z  N  G  I
```

VACATION   SLEIGH BELLS   SNOWY OWL
CARING   DECEMBER   ANGEL
SKI HAT   TODDLER   SNOWSHOES
WONDER   POLAR BEAR   BAKING

Winter Word Search Puzzle #28

```
H W P O B Q C F T H J E I Y D V
M A M N U V E D Z A J G X E P G
G S K I I N G G A A H Y K N Y O
R K I S K R I N G L E A A X W Y
H G N I T L E M N N X G T N D B
I G D U O N I Q N T I I V N O C
K N L I P R P W F F I K J X A D
T S I G Y I A Q I N I G G W W S
Q H N U T C R A C K E R A B M N
U Y G V X N A T T T S H A S S T
B F G I T F D I D T A Y T L U F
V M U Q R N E Z W A N A J U W Q
Q S X Q T B E L H K O S M Q U H
W D A B X Y T V J B F R U Y R G
D A H B U M V T D W J X N R Q P
D A R Y S U O I C A R G N V T B
```

PARADE   BRIGHT   ADVENT
IVY   KINDLING   GRACIOUS
SANTA HAT   NUTCRACKER   KRINGLE
ROAD TRIP   SKIING   MELTING

Winter Word Search Puzzle #29

```
G S J Q G Z D B A H F R U I J Z F C E
D R X P K T W Q I N L O E O Y J W Y D
B R W M S H S C D U P R V N I X Q T K
F T M F F Y Z U L I N E B W E Q N F S
Q O C C L M T H P O F M F W F S W M N
Z U B P A N T S Z P C E K V Z U N F M
I G Y D D O T T O H O E N P U G N J K
I Z M D U V J L C R M R H B X W S V N
R L G Q N D I G I R F R T G G X G I L
Z W G L M I N M O N O P W R K K W K R
F C O J T H W M L A R C T I C U U I B
V H B R Y R S T G L T Z X Z O M D Y L
M W F T O O U K E C A R Q C R Z E N O
F U J F P X D W I B B F V F X B S D V
E F D B B Y Q E N R L N T O Q R K I E
V L Y Y Y Z Z V U Q E H A H D O F G C
L P Z F Y C U W T V R Q F W G Y W Q I
A Y E X J Y Z R Y Y B M E M K I U O V
X O A C D E C I T S L O S R E T N I W
```

LOVE	FROSTY	ARCTIC
NIGHT FALL	WINTER SOLSTICE	HOT TODDY
HYMN	WINDY	SUPPORT
FRIGID	PANTS	COMFORTABLE

Winter Word Search Puzzle #30

```
E  T  R  D  Z  G  S  A  N  G  L  O  O  W
L  G  M  J  S  U  N  R  I  S  E  J  H  N
W  G  N  I  R  E  V  I  H  S  U  V  F  X
I  J  O  A  H  T  P  R  D  B  T  W  T  R
Z  R  A  W  H  L  H  F  M  D  W  A  V  A
W  K  R  N  T  C  C  H  A  I  E  E  R  Z
X  Q  F  E  T  S  X  C  Q  E  P  L  N  S
K  R  H  N  E  L  Y  E  K  C  O  H  S  I
R  S  E  G  W  D  E  M  E  W  I  P  E  Q
X  Y  E  G  U  E  N  R  W  R  Q  Y  A  Y
T  L  L  Q  N  Q  S  I  Y  P  T  B  T  Z
B  V  C  Q  E  A  Y  M  E  N  O  R  A  H
F  V  C  B  O  J  M  I  F  R  N  Q  I  W
A  Z  N  N  E  M  A  I  U  B  E  M  O  F
```

SUNRISE	ANTLER	STARS
HOCKEY	SLEDDING	MENORAH
FIR TREE	SHIVERING	REINDEER
EXCHANGE	MANGER	WOOL

Winter Word Search Puzzle #31

```
L  T  M  O  T  A  P  P  E  T  I  Z  E  R  S  N  Y  Y  R  Z
S  Y  H  P  V  X  T  C  O  M  C  S  N  X  A  Y  N  K  Q  O
Z  A  T  W  Q  A  J  Z  N  C  Q  W  I  M  S  F  E  W  P  B
G  X  M  H  Q  N  L  V  P  I  F  F  Y  L  Z  O  E  Y  Z  P
B  G  H  T  G  Z  O  S  D  G  D  D  D  O  G  D  L  C  K  Y
N  G  Y  U  S  I  H  G  D  F  R  G  S  Q  N  X  A  C  A  Q
A  L  M  P  G  I  L  T  M  B  H  Y  L  E  B  V  O  K  J  D
P  P  G  M  Y  N  R  N  C  C  Z  Z  P  O  F  E  M  A  R  U
J  K  T  I  L  U  I  H  U  J  E  F  K  H  S  A  Q  P  S  B
G  O  A  B  A  V  O  L  C  S  N  O  W  M  A  N  P  P  V  H
H  G  Q  W  O  K  S  I  O  R  D  S  M  A  Q  E  P  Z  Q  E
B  R  Z  L  M  C  N  T  K  R  E  E  I  P  N  V  T  T  G  I
Q  D  Q  I  U  S  X  D  H  L  A  H  T  H  E  R  M  A  L  S
X  K  W  U  F  F  Y  Z  O  G  R  C  T  V  Q  F  E  X  S  C
G  W  O  W  F  H  Y  A  V  C  I  G  E  A  M  Z  P  D  C  F
P  L  O  R  I  K  W  O  O  R  N  L  N  G  F  J  O  B  G  D
E  M  U  C  N  F  E  N  J  B  G  U  D  V  P  E  M  F  N  R
U  Z  U  Q  H  H  W  Z  O  V  I  C  U  Q  P  G  A  O  G  V
B  E  K  L  A  U  X  F  D  G  R  P  X  F  O  B  P  Q  P  A
E  V  P  O  V  S  F  O  P  N  Y  A  F  J  N  N  X  H  B  J
```

ENDEARING	SUNLIGHT	MITTEN
SNOWMAN	THERMALS	APPETIZER
TEA	MUFFIN	CAROLING
LIGHTS	JOYFUL	FATHER CHRISTMAS

Winter Word Search Puzzle #32

```
D T N W C W H Y S Q H D O A G Z F Y
P C A Z K P U D C S N Q Q B J S B L
Z L B O F E M E E R T E N I P H E O
B U V Y C J R H K C E S M F J Z V G
S R E E D N I E R N O K F L X T K C
E C M Y F C I X F P L R W D C F O A
E Y Z S T H C A S S D R A Z Z I L B
B G X C L D F C R I E V G T A G Q I
V S I I C E H N X E V O A H E U J N
B I F D C X T K T K W A H K R F I
K H Y P A I D D S Y D C A K M E F R
A I D V O K A A G B T Q A K K S A E
N Q R H E M P N C G C H W Y R K S U
T A N O D O A C N F I S G W T A C N
U J K C H B L Y W H D J T U B T P I
N P D Q U F U C P P A M Y A A I U O
Q S P Q S P W M N I D O L E O N A N
N K V V Y C S N N D Z T C O I G Y Y
```

REUNION   PINE TREE   RAINCOAT
NAUGHTY   LOG CABIN   REINDEER
PARKA   FIGURE SKATING   NUTTY
DECORATE   BLIZZARD   GOATS

Winter Word Search Puzzle #33

```
E  L  E  P  M  T  H  T  W  I  N  K  L  E
B  Z  Z  I  R  N  T  W  T  Q  F  L  V  V
E  S  E  L  C  I  C  I  G  A  F  O  Z  S
S  U  O  R  O  M  A  L  G  I  Z  N  Z  C
B  O  F  Y  L  I  M  A  F  B  A  X  K  N
J  Z  R  S  G  N  I  T  E  E  R  G  W  K
E  E  L  D  P  I  W  Y  A  X  C  G  R  Q
P  U  G  S  S  J  T  A  T  X  S  E  D  M
A  P  Z  O  M  W  R  S  H  S  F  T  L  X
L  D  P  R  O  P  A  N  E  M  O  M  G  I
T  I  Z  P  N  R  C  X  R  V  V  R  A  W
Q  P  P  F  D  Q  C  V  L  Z  Q  R  F  A
X  K  S  K  R  A  P  S  K  I  I  N  G  L
J  M  F  T  M  S  Y  W  Y  W  A  Y  C  Q
```

FEATHER	VEST	FROSTY
TWINKLE	PROPANE	SKIING
FAMILY	GLAMOROUS	GREETINGS
ICICLES	SCROOGE	SPARKS

Winter Word Search Puzzle #34

```
A G N L U W F U R N A C E
C A R D I N A L H A Z O B
J E Q N Q O M P E E W F C
H T G B V E Q R R E C A U
I C S G K L C P I E C T S
Z P A A N H E Z V R S E Q
L G B X O O C J H L T S U
Q U I B C T G Z F P U J I
G W G L S C S D X Y F D L
D D R O R O S W L S F E T
W T T Y F C W L Y U E C R
N G A O R O I U J B D J H
Q F S V T A H I K S P T H
```

CARDINAL   NOEL   STUFFED
QUILT   FLEECE   SKI HAT
HOT COCOA   PRESS   FURNACE
TOAST   PIE   EGGNOG

Winter Word Search Puzzle #35

```
X  L  A  P  I  S  V  H  H  M  T  S  D  G  S  Y  D  X
H  P  U  W  I  T  V  M  N  E  Y  X  F  C  Y  H  H  D
I  N  S  F  C  M  X  N  W  S  C  C  U  E  K  S  Q  Z
P  G  C  H  R  I  S  T  M  A  S  T  R  E  E  S  E  M
L  D  Y  Y  N  E  Z  O  R  F  R  R  C  D  I  H  G  D
I  B  D  Y  C  Z  E  D  A  Y  N  M  O  G  D  V  Z  Q
O  Y  R  J  R  X  O  H  Q  C  P  O  A  Y  K  R  O  U
J  Z  G  B  J  R  X  F  C  N  A  M  T  M  R  I  M  M
M  S  M  M  A  J  J  I  J  S  N  N  T  G  F  B  V  J
I  C  V  E  A  N  R  W  H  N  B  S  D  Q  B  B  N  P
X  H  P  P  R  J  R  Z  E  S  I  G  L  I  X  O  C  Y
H  B  A  Z  E  I  O  R  B  U  N  B  T  S  E  N  Q  K
P  N  B  S  F  T  N  Y  G  A  R  L  A  N  D  S  T  Y
G  R  V  L  Y  E  L  O  C  A  X  A  J  C  E  R  V  L
V  G  U  M  Q  I  D  C  W  R  C  S  Y  C  G  V  U  C
Y  O  A  A  A  O  Y  D  O  O  H  O  M  X  J  O  D  O
V  W  E  Y  Q  E  Q  Y  V  G  O  T  I  T  N  Q  L  A
F  H  Q  X  D  I  C  G  E  N  I  L  X  O  V  M  Q  B
```

ADVENT	FUR COAT	GARLAND
MERINO WOOL	LOG CABIN	CHEERFUL
MOVIE	WARM	CHRISTMAS TREE
CANDIES	FROZEN	RIBBONS

Winter Word Search Puzzle #36

```
N D K A P V S T G Q H F A E W A S F
V Q W G R D K U J K Z M X D B Z F O
O W S L T V W P J J J G E T M F T P
N R K G I F W I B M K Q U H I F U Z
F R O S T D F R A X H B X X W H V Q
J P A I S S D A Z K K B P P Y B N E
M Y R U Z K U D U F T Z O L Q C D M
W F B H T C U O O Y A V D O Y R S I
S B G T I R T Z I G Z G K G H L J L
W P O C P H M E W N S Z P F J B Q S
J S B O X E S J M M O L I E R F Z Q
M G D D T A B Y Y O O M E F Z U W A
P C H R I S T M A S C A R D N M K V
A I E D B P Q A C G U Q I A D I R W
K S J C Q E S X C A D O F B H I F K
O Z K W A N Z A A V J J Y E P C N P
J W I N T E R S Q U A S H O G T W G
E E Z C I C P J I O K C N M J O Z S
```

PEACE
KWANZAA
BOOTS
ASPEN

BOXES
CHRISTMAS CARD
COMET
WINTER SQUASH

JOYOUS
FIZZY
DOG SLEDDING
HARMONIOUS

36

Winter Word Search Puzzle #37

```
J  P  M  C  X  C  D  M  B  W  N  Q  H  R  K  W
R  N  K  O  H  O  W  I  Q  R  Q  F  O  O  K  X
G  P  V  F  S  I  V  B  L  K  Q  A  D  M  X  A
G  D  M  I  S  T  L  E  T  O  E  N  O  F  J  E
R  I  B  R  O  Z  B  L  E  J  J  K  V  I  A  D
B  Y  F  C  R  A  N  B  E  R  R  I  E  S  S  Y
A  I  T  T  I  Z  Q  A  D  D  S  K  S  C  H  A
H  I  P  I  L  L  O  W  C  C  P  P  J  X  N  O
K  Z  T  T  V  Q  S  C  T  F  K  O  O  D  T  W
Y  Z  Y  T  M  I  T  Y  N  I  T  L  B  P  Z  W
C  W  E  S  E  D  T  T  Z  Q  F  E  B  E  S  H
S  W  O  L  O  S  A  A  B  Y  K  J  V  D  M  H
G  W  J  N  F  J  D  N  A  C  B  S  L  J  M
R  M  H  K  S  E  V  I  T  A  L  E  R  A  E  F
S  B  U  G  J  P  Y  N  O  I  T  A  C  A  V  V
R  T  B  A  J  R  C  S  N  P  J  F  U  W  M  P
```

VELVET	CRANBERRIES	MISTLETOE
NATIVITY	RELATIVES	CHILLED
DOVES	PILLOW	TINY TIM
SNOWY	POINSETTIA	VACATION

Winter Word Search Puzzle #38

```
T B X J A F Q W Z G E G O P J Q A E F A
R E H T A E L F M M S V H P G G V U X Q
P C K B O R N A T E A Z A K H T G Z O Q
W T C R D M Q W Z Q H V D E Y R P J R F
Z X Y E A B E P C G J E J F H R S T S L
H K N R Y M I S Q X I I L C P U Z A F V
H G K C I U S C E B W M H U Z C L O Z
Z W O O L C O A T S S R E T T I L G T V
C Z V D I O C R M S H F T P F E F Q X D
Q E K K M S T D E T Z K L S C T B S T E
R E U P H O R I C G S P E A R M A X R P
H D S P W C X G D Z A I F L N N S C W U
E X L I D O S A N T A S R M D N K C Y G
D B C X C Z G N I F V V P H Z F E C X G
C F U D D C O J S J G W W F C N T L N E
Q R N R A G X C C C V P T N O R I V G Z
C J I G R H C G D F X K T A Z X R X G H
Z Z K V A B P H D P X B G D I Z G S O U
E K Z F J O W L A V I S F N E S N J Y V
S T H W E G U P Y Z Z H Z J D J E W N A
```

GLITTERS   SANTA   FLANNEL

COZIED   CHRISTMAS MARKET   CARDIGAN

WOOL COAT   ORNATE   BETHLEHEM

LEATHER   BASKET   EUPHORIC

Winter Word Search Puzzle #39

```
C  R  R  L  E  M  S  C  M  N  L  U  T
J  D  S  O  S  K  I  T  R  I  P  V  O
A  H  M  R  E  S  A  Y  E  X  J  X  V
V  F  R  I  E  N  D  L  Y  E  Z  V  C
J  M  X  S  S  P  I  V  J  X  W  S  H
N  S  Q  M  L  A  P  W  R  C  L  S  Y
E  Y  I  L  O  E  B  I  T  X  O  P  V
T  Y  C  J  U  L  D  L  L  F  M  M  V
H  W  D  N  E  F  A  I  I  S  J  X  D
I  D  I  N  A  M  H  L  E  S  X  I  Z
W  D  N  G  A  C  B  S  S  R  S  E  B
F  S  V  G  V  C  A  T  A  A  D  H  Y
J  N  V  P  L  F  G  V  U  B  G  S  E
```

DREIDEL	TWINE	SLIPPERS
SKI TRIP	VACANCY	SLALOM
FRIENDLY	CANDY	LAKE
BLISS	SWEETS	BASHFUL

Winter Word Search Puzzle #40

```
E O C S N O W B O U N D A C J K E
K T P H A R W H O T T O D D Y Q O
L D D J R M K M T B D G W L K U R
G X O F C I T C R A X E Z L V I N
C U B X V V S S G P E V M H L L F
Z A A P Z L V T I L O R A C Y T V
W U B R S F Q Y M R A Y B O F K E
A R N P A V O K P A H S P O X P T
S P E F C Z E P O H S C S V C W D
U J K Z C J A K G I E E Q Y X E H
R U T D C S L G H L L O V E D F O
E T V K E T I V L V W X D E L S T
X V I E N V D G G U~V C N Z U M S
W N U P L W I U R O U K K E M P F
Q P Z M O R E X U A X C K H B W E
O G K G W Q V S O B Z Q M L C G I
N O B U V B I H R F O Y M L K F O
```

BREATH   CHRISTMAS   ARCTIC FOX
QUILT   HOPE   LOVED
GLASS   SNOWBOUND   SLED
CAROL   CHRISTMAS EVE   HOT TODDY

40

Winter Word Search Puzzle #41

```
R B T V W M V G L E I C T I W O E
K Q Q O A J K R F Z W B O N F S I
S G T H D S Y J E R B S X F C Z Z
W U G Z O I E Q Y C A M E R A Q S
H Y G I T O O H C X N C Z A L Q I
L P X A J W N U S P S A S N E W Z
G T J G R V I G Q I K E D K C B J
Y W P R O P A N E N W Q I I X B X
C G K D A X L K K N K P G N O U K
D B V H D F U U Z L E M L C U E X
F E L J O D Q W M Y E R O E P I V
A J T D S M N Q E S K S O N M X I
Y P M I Y F C P G N W F Y S X K L
Q C A Y R I W N E O S R M E I Q N
Z T R W G I R U L S X R K Z T T J
C D X L Z Y P O A N R P O Y K L Y
X E Z H F U F S H W J C S S L V G
```

GENEROSITY   CAMERA   SPIRITED
FRANKINCENSE   DANCER   SUGARPLUM
IGLOO   TWINKLE   PROPANE
WISHES   SCARF   HUG

Winter Word Search Puzzle #42

```
H R T N Z P E K L C K T L P W V
B S S F F Z S U O Q V W R R A K
K V U N A H J D D U B S N I T W
J E G L O D T A Z C O B M U P Z
C L D F S O E B C B J F E K F S
K G B M U R Z B O K S K P J R P
S C G B L K E E Z I F R A H C I
W I E G V I F M V A X R E D F C
H I I N S B I K R I H R O V H E
D Y D T E Q Y S V A T Y W S T D
E N C R X L J K O W W S L G T C
Z P A K B Y T N H Y G G E O K I
X M A S U N P R H Z R G E F K D
S T A R S Z H R U M U Y A L Y E
N C S P K C X W H T X J K C R R
M L J Z U A N C C A C P U F I I
```

LEG WARMERS	JACK FROST	STARS
HYGGE	TURTLENECK	PARKA
SLUSH	SPICED CIDER	FESTIVE
TRIPS	XMAS	SNOOZE

Winter Word Search Puzzle #43

```
C Y E N M N B M V A U V V J G
G J L L L F C Y X J O S F E D
P H L E O D A R H J J H C O B
X C L Z V I R A J G Q F Z L R
L L M E E I O T I I W Z X W G
N D L O D I L R A F C X R A K
V C R B J K I R D R J U C S F
C O O R D I N A T E I T D S A
Q E T C L O G S Y G S U G A R
Z P F V D O M N O W V S E I E
H C B I F F H Q I X I D E L U
U S F E G K K V I N Q N W R V
G O M M C C O W T E E R T S T
O S U A L C S R M J B V Y E W
Y Y P H G S C Y Z P B Z E V R
```

EVENING
MRS CLAUS
COORDINATE
WASSAIL

STREET
CLOGS
LOVED
SUGAR

CAROLING
DESSERT
WINTER
LIVELY

Winter Word Search Puzzle #44

```
Y D X Y N A T P M M Y H E Y X Y A F M U
W V K D N L O Q H A B R S S G X L C J E
B P T H G I L E L D N A C B X M L X T A
H Y T S X O Y L N Q F T H H S R R L J P
L A F G G D S C N I B N K H I P D Y M F
J T N K M B J S U T C A P P U C C I N O
S Y V S L I P P E R S E W V X M Q D J T
I Z G Y G Q H K V T O B S Z K Q B R S E
C D Y M Y G Z F U N S S P C C E C U Q H
M I O U S M J A I P V O F S R T E J G T
Y Z X Y V N Q B Y M Z J H Q P A P K R E
D B V L V C K M C E I R I S H S P E D I
F A J O U S R R B I B R B K M A L E U A
E B E N A C Y D N A C N E A Y G X B R Z
T C H R I S F M S A M A R K E T B Q J T
Y V I W B T D H A V B D N O L V S G L K
E J Z O O S G F Q N S U A Z R P T O Q G
U C F K J R P W Y L I N T P Z Y I B R V
M T P J W E M H Y D Y G E H B H J T L F
H C L V Z I R Y J V Q R G O Y G I N S Y
```

CAPPUCCINO	ICE SCRAPER	REJOICE
HIBERNATE	CANDY CANE	MARKET
FROSTY	BREAD	SLIPPERS
BAH HUMBUG	CANDLELIGHT	HOSTESS

Winter Word Search Puzzle #45

```
T O C L S W I H I S W I W J D I
L C J Z E H B Q W G A G V V G K
M G S A H S T H G I T D H O F P
E T A N I M U L L I N F U C Q C
E S W E E S U E Z A B T M J P S
U K G S E E W P R Z Y T R W G N
T A R T T T R E T T T D S Y V O
H H G W F H K G A I S N M D U W
F M A Z P G O W R T R L P D G S
T F I P A G S U S E S J D D R H
D U S O U C Z S I K V H V U L O
D F J P N C O B U A S E I G V E
J A Y C R F J F U D O E Z R Q I
G I E O E B R J F L A M E S T N
V T N R V E L J T E A N I Q B G
E H R N B E X L O Z E G K C X U
```

SWEATSHIRT	POPCORN	WINTRY
EVERGREENS	TIGHTS	COFFEE
SNOWSHOEING	STREUSEL	FLAMES
FAITH	BREAD	ILLUMINATE

Winter Word Search Puzzle #46

```
S  H  Q  J  N  F  C  A  F  E  B  X  O  C
J  E  D  E  D  E  K  J  D  H  A  Z  L  T
Z  P  Q  B  R  O  T  H  E  R  X  F  I  R
L  Z  R  X  G  X  E  S  B  T  N  Q  H  Z
F  Z  K  Q  R  N  N  P  I  V  A  D  O  X
D  S  O  O  O  D  I  R  Z  L  V  R  T  Q
I  G  A  Z  U  C  E  P  L  R  G  E  C  N
M  N  B  E  M  F  E  L  P  E  B  O  I  P
Q  H  Z  Y  S  P  B  L  L  O  V  L  D  R
F  N  K  G  Z  O  J  F  D  I  H  A  E  H
W  B  A  O  M  N  N  Y  A  D  F  S  R  O
T  G  L  O  W  I  N  G  E  G  U  L  R  T
S  L  T  F  O  S  R  C  S  J  M  C  U  A
Q  P  U  Y  G  L  F  E  D  I  R  O  K  F
```

CRATE	SONGS	BROTHER
SHOPPING	CUDDLE	TRAVEL
HOT CIDER	SOFT	GLISTEN
GOOFY	FULFILLED	GLOWING

Winter Word Search Puzzle #47

```
P N G F P B P I L B D G P G J F B I R J
G Z A J I F H Q K S S Z F O G Q E I Y F
Y Q P V J I Q Q Q F H X U H V N U X C A
R V F C A R B I H K W G T S H I F N T I
L S N R P R E U C Y Y J O X L W X X M N
Q Q W R O L A C L Z O M I K P E O W M X
W J H G P S U C N T K K Q Y B C N D L T
F P E X C I T E D A D S S C D A E F N M
X V O S J K L B R C D C L V Q A P Y Y Z
Q U Q X U H F H I U X X P T D C W I V O
K V G D W S U R D T T S N N H D V G U H
U G X T G T L M H N E A Z D X W H S G F
N B W X L O J O B E N T N F N R A L T S
X G K F B O A W Q L Y G A Z A A H Y M K
R H R R K W N X J F E K V I X E N U G A
Y B S W V R T G I D N H N S D S C C M I
L S P S N C X Q G P X F X Q Q A W F M C
D Z S T O C K I N G S T U F F E R O W V
Z B Z U X S K D J H U W A G V T F Z R A
T S Q O R G U X J T H C J I F W Q Z F D
```

FROSTBITE	JESUS	HUMBLE
EXCITED	VIXEN	RADIATE
BEAUTIFUL	CARAVAN	NATURE
DANCER	FIR	STOCKING STUFFER

Winter Word Search Puzzle #48

```
F Z O N Y R R X J T R H G U P V J K
W Y V O S N L F K K Q I Q B D K C I
I E Q O R X F P X K Z P K M F U P U
R B O Y I J W P H N M S Q D P Z Q Z
L Z F K A U I U S D B O G U B Q P I
H Z J N C V H S H V M Q S K P E A Y
Z D U P G X D F E J I E D C U X S M
O K L D X S O M E Y T I V I T A N G
W S Q R R C C Z P C H I D O B X O T
R D A Y D G H N D X A S F Q L L W W
M O E L R F C A S O Y N N N I M T P
X J D Y L R S N L Z D A R W S C U T
V S G F A I E I O E D V V U S K B S
Y O O O K A N M Z K T Y W H F E E N
N U U U Q F M A R W U L L C U J N D
W Z K Q X B L T V Y Z E K M L D E U
Z H I U F I R E W O O D O A H Y V I
E X T R A O R D I N A R Y Y N M J H
```

FURNACE	SNOWTUBE	BLISSFUL
LOVE	FIREWOOD	CHALET
MERRY	NATIVITY	ANIMATED
EXTRAORDINARY	VANILLA	SHEEP

Winter Word Search Puzzle #49

```
S  D  V  J  R  Q  E  U  I  A  T  Z  B  C  X
U  E  X  L  R  B  J  N  V  X  T  O  M  W  O
X  R  E  V  I  H  S  X  A  Q  S  E  K  S  W
E  O  A  H  G  J  I  N  H  C  K  T  W  R  B
D  D  Y  H  W  P  F  P  I  E  R  X  V  I  A
N  O  I  T  I  D  A  R  T  A  F  A  A  Y  N
W  N  F  R  I  E  N  D  S  T  T  G  G  J  Z
F  L  O  A  H  Q  B  O  H  E  Y  N  C  U  T
Q  F  M  I  U  G  C  D  M  Z  N  F  U  T  S
D  V  L  Y  N  S  I  H  Y  A  D  I  L  O  H
F  G  S  V  J  U  R  E  I  F  N  L  W  V  M
L  A  U  G  H  T  E  R  L  L  T  N  X  K  J
N  L  V  A  M  D  B  R  M  S  L  N  I  U  W
L  E  L  W  J  P  D  C  F  S  Q  Y  H  C  S
N  U  M  K  E  E  A  B  W  K  R  X  S  D  Z
```

CHILLY	WINE	MOUNTAINS
LAUGHTER	FRIENDS	SUGARCANE
TRADITION	SHIVER	SLEIGH RIDE
HOLIDAY	CINNAMON	MYRRH

Winter Word Search Puzzle #50

```
X W P Q J N E T T I M U U Z V A
J Q Y X E M I W W J I Y C F C O
N D B R C V Y B T O Z N R H T L
N H C B E Z X E A Y G H V R H D
F U U S E T A L O C O H C S H U
E N F E B F S B L E G U R X S E
S H Y A S D U U I G O O O K H I
P T S S C U D D L E Z R L M L L
X C V O T X O K R B T P L X U D
M T J N D N B M A I V X X Q U U
L U L I H T A N N E N B A U M F
L T K N V E P P H Q O C M L S N
Q H S G H W C K I Q G F W C W J
L C Y J C G P G F K U O M Z I R
M S L E G N A W O N S G U T S R
D V T O B O G G A N I N G S O D
```

SKI PANTS   CUDDLE   LOG CABIN
BLUSTERY   MOUSE   TOBOGGANING
MITTEN   SEASONING   CHOCOLATE
TANNENBAUM   SNOW ANGELS   SPICE CAKE

Winter Word Search Puzzle #51

```
U  H  L  G  T  R  O  N  E  V  I  V  O  D  R  E  P  U
P  D  X  E  S  Y  U  G  G  V  X  G  Q  I  W  K  E  J
V  I  E  T  S  Y  A  D  I  L  O  H  Y  P  P  A  H  V
D  F  O  K  N  U  M  O  L  N  S  T  Z  Z  B  L  Z  U
Z  R  X  M  A  K  E  O  W  M  G  C  S  A  J  X  K  U
K  U  E  M  A  C  Q  R  W  I  Z  E  T  U  U  Y  F  O
M  P  G  H  S  H  E  Z  T  L  A  W  R  K  G  P  Y  P
F  K  X  J  P  I  M  C  Q  S  Y  Y  F  B  A  D  G  Z
G  Q  W  E  Y  E  N  R  I  Z  M  L  T  Y  R  Y  J  D
H  Q  M  O  K  N  H  Y  F  P  P  F  E  Z  L  E  E  Y
Y  L  E  M  C  Q  I  S  F  P  S  I  V  S  A  X  A  C
U  I  Q  L  G  Y  O  T  C  M  A  O  S  W  N  K  N  D
Z  H  S  U  I  B  W  A  F  R  O  C  K  M  D  I  H  N
U  K  N  J  P  Q  S  L  F  E  U  C  O  Z  K  A  T  K
R  Y  O  Y  Q  O  F  N  I  O  E  S  Y  C  K  W  F  T
N  I  D  H  H  F  M  C  G  E  A  W  N  V  X  Q  B  K
H  J  K  Q  E  P  N  H  S  S  Y  B  N  E  L  I  J  Y
X  V  E  U  M  K  P  E  Y  Q  O  M  B  V  B  N  F  Q
```

STREUSEL	TINSEL	SHEPHERD
WALTZ	GARLAND	GINGERBREAD
CRYSTAL	STOVE	HAPPY HOLIDAYS
COMFY	MAKE	FROCK

Winter Word Search Puzzle #52

```
W  G  I  Y  H  B  L  V  C  C  X  W  T  P  Y  O  C
A  C  M  C  B  L  O  O  H  O  S  D  T  M  Q  P  U
S  G  N  I  M  M  I  R  T  P  M  O  V  I  E  S  T
T  Q  T  Y  P  E  E  L  S  D  N  M  G  E  G  P  N
U  N  E  I  B  I  U  J  U  V  U  W  U  K  B  G  Y
E  C  D  V  N  H  B  T  Z  F  H  Q  P  N  G  P  A
M  Q  L  B  V  Y  W  L  F  R  R  O  A  T  I  C  V
L  L  I  P  H  O  T  O  A  Q  L  E  R  J  S  T  L
U  U  Q  K  M  H  O  I  L  C  N  V  E  U  A  J  Y
S  C  K  K  V  L  A  Y  M  L  K  D  V  H  F  P  C
Q  P  P  J  N  O  P  P  B  Q  A  I  W  U  C  V  R
P  M  W  L  F  C  P  B  P  U  R  M  C  A  H  A  R
S  N  O  W  B  O  A  R  D  I  N  G  H  E  D  R  M
C  R  W  Y  I  J  D  U  U  E  N  L  B  S  B  C  P
R  Y  E  J  A  P  L  E  O  N  T  E  E  W  R  S  C
D  M  K  E  P  U  D  N  F  A  I  F  S  L  I  A  X
B  Y  X  G  D  V  M  I  P  Y  J  B  S  S  H  J  M
```

COMMUNITY	TINY	SNOWBOARDING
BLACK ICE	DEER	MARSHMALLOW
CHEERFUL	HAPPINESS	PHOTO
TRIMMINGS	SLEEPY	MOVIES

Winter Word Search Puzzle #53

```
U  C  P  N  U  Q  W  W  B  N  A  A  Z  H  Y
M  D  R  L  A  M  Q  S  U  N  O  G  G  H  R
P  I  H  A  Y  W  S  M  J  K  Q  F  M  U  M
K  Z  A  N  N  Z  M  Y  T  Q  Y  R  A  M  L
U  X  R  S  E  B  N  O  F  I  P  I  L  B  Y
I  N  M  C  N  T  E  X  M  U  V  G  S  U  J
Y  T  O  E  C  A  E  R  E  K  C  I  L  F  M
R  N  N  I  A  X  E  E  R  N  S  D  N  Y  B
J  X  Y  I  N  V  K  B  W  Y  C  N  A  F  P
O  C  V  K  A  J  Y  G  N  S  H  S  E  Q  T
J  Z  O  R  U  T  G  N  O  E  L  Y  A  K  Y
T  I  U  S  W  O  N  S  G  I  E  J  F  U  F
L  X  M  T  P  K  D  U  U  L  F  R  C  R  S
P  E  L  O  P  H  T  R  O  N  Y  T  G  S  T
A  U  R  Y  B  P  I  U  O  F  F  W  P  Z  R
```

HARMONY	SNOWSUIT	NORTH POLE
FLICKER	GREEN BEANS	FOUNTAIN
CRANBERRY	FANCY	FRIGID
MARY	SWEETEN	NOEL

Winter Word Search Puzzle #54

```
I  S  M  M  A  G  E  L  V  P  R  D  L  T  Z  J
S  D  H  M  B  A  B  B  E  A  R  D  Y  V  T  V
F  M  U  M  X  B  K  U  U  S  A  L  Q  Q  F  I
W  B  R  R  U  J  J  B  C  T  Y  L  F  P  A  P
I  Y  A  L  P  S  I  D  Q  R  P  K  S  S  M  O
S  P  Y  E  T  I  E  K  R  Y  E  N  N  I  Z  C
T  E  T  Z  S  S  K  U  Y  A  W  R  O  O  D  B
Q  X  C  O  C  A  A  V  G  S  Z  Z  O  W  P  S
X  G  N  I  N  E  V  E  W  S  N  Z  H  O  A  B
P  L  L  V  P  G  Z  Y  F  M  X  O  I  S  G  E
P  E  P  R  A  S  M  T  A  U  W  H  W  L  U  A
F  T  V  X  J  G  F  E  W  L  I  P  W  I  B  H
K  O  L  A  T  N  E  M  I  T  N  E  S  W  N  V
D  H  E  U  U  M  X  E  G  R  I  N  T  V  G  G
H  N  F  V  N  E  N  C  Q  P  L  L  E  M  X  Y
Y  Y  N  I  B  M  D  O  F  A  U  V  I  R  I  E
```

SNOWING	PASTRY	BEARD
BLIZZARD	VASE	DOORWAY
FEAST	SENTIMENTAL	DISPLAY
MUSE	EVENING	HOTEL

Winter Word Search Puzzle #55

```
Y  I  H  X  T  I  D  I  N  G  S  C  T  C  W
H  Q  E  P  B  P  C  L  N  Z  F  P  A  G  Q
P  M  F  B  L  T  O  I  N  I  F  H  R  A  L
Q  Q  X  T  O  O  R  R  N  G  K  J  Y  L  W
N  O  A  S  S  M  D  A  T  G  X  F  I  U  K
L  O  E  J  L  O  U  U  I  Q  E  E  N  I  X
X  Q  N  U  W  H  R  U  R  L  B  V  N  M  H
M  F  D  I  O  N  O  F  C  E  U  U  G  N  M
E  X  E  C  R  I  Y  T  K  I  W  I  U  T  M
P  C  A  Y  K  E  A  L  L  C  O  T  L  B  D
Z  H  R  H  S  K  M  R  B  L  A  P  O  T  T
A  H  M  V  H  S  Z  U  F  B  Y  J  W  P  Z
A  E  E  R  O  L  S  A  F  Y  U  Z  A  L  C
G  L  N  E  P  E  L  N  S  F  C  B  H  T  F
S  H  T  S  P  A  R  K  L  I  N  G  Z  M  R
```

RUDOLPH	BUBBLY	JACK FROST
ICING	TRAIL	WORKSHOP
SPARKLING	MERINO	TIDINGS
CORDUROY	ENDEARMENT	PORT

Winter Word Search Puzzle #56

```
N L N W K V U F V Y G D D U Z P
P Y R W X Z C U T Y G V O F W O
B Q H E Q S G A E X Z N Z I K M
N W W O T R B B R W Z O I W K I
G K G H M A P O R D M U G I Q P
A E Q C P O N E Z T I L B G K W
P S M C M O B A L S N N O S G S
P R E H E R L E R F Z V A C B B
R G K V R V O A O G X K K L E B
E D U T L E F T R H E Z T Y S F
C H I M N E Y Z S B S M H N R H
I W Q C O M T U C W E Y O R U O
A R L Q M S F T O W O A C P C A
T I F H T N K B C S F N R L X T
E S I N O E Z A Z F L G S M O G
C S R B Q A M N O D F H K W C O
```

FELT	APPRECIATE	CARDINAL
MUG	ELVES	POLAR BEAR
BLITZEN	SKIING	SNOW STORM
CHIMNEY	GUMDROP	POMEGRANATE

Winter Word Search Puzzle #57

```
K L N M N C K Z H V Y O N W M B M
V I H T F N S N O W M E N F D J L
X L B A C W H T Q Z P J D W I L X
B T K Q T I S S U B Z E R O J B B
L P U L T N S X R F F Q T Z A J T
D F C Z Z A A D E B F D E N P R H
A A X S W A O S O V G I R H S I V
U Y D K V R L C T W J E N B N H H
K V J I L G Q A E E N N X G X Y M
R D S H V K T K U G R T Q I V J R
Y D C A C A E E O G D C O C Q A Q
W S U T N J N Q M N H C E W T D O
E O S D X V K Z A O K T Q S N O I
G R J M T O E K I G C K E U O K J
Z K C U A L E H P L O W O R H I H
V D A D Z P P O S U E I F U D J B
T T T X Y N D N L T W F T R Z F Y
```

LAUGH

SKI HAT

COAT

CAKE

FELIZ NAVIDAD

DOWNTOWN

COMET

SNOWMEN

SUBZERO

SECRET SANTA

STUFFING

EGGNOG

Winter Word Search Puzzle #58

```
K  K  W  S  N  P  V  F  U  D  J  B  R  J  X  K  Q  Z
D  S  B  D  T  S  E  V  C  P  O  Y  L  C  F  E  F  I
W  N  A  M  T  O  T  S  L  Y  L  W  U  F  A  J  S  R
S  O  M  M  L  S  O  P  E  L  L  S  Y  P  H  H  X  P
Y  W  I  W  T  B  U  B  B  L  Y  K  A  W  I  U  O  H
X  B  O  Q  T  S  E  V  V  D  D  H  I  L  L  T  O  P
T  A  N  I  O  K  I  D  E  Y  X  N  S  A  E  S  F  F
N  L  Z  M  Y  J  X  R  I  M  W  A  A  U  P  S  K  P
Q  L  X  D  N  G  L  U  H  T  W  E  D  C  L  I  Y  N
G  F  N  I  A  O  I  V  C  C  E  B  C  G  M  R  F  B
V  I  P  D  N  N  K  N  D  F  Q  L  A  F  Z  A  W  Q
Y  Y  G  A  V  R  P  N  Y  G  E  Z  A  U  B  M  F  S  E
T  H  P  L  Y  G  X  F  Y  E  P  X  Q  Y  K  K  W  N
U  T  A  X  A  W  I  N  T  E  R  T  I  M  E  E  E  E
K  I  B  B  E  L  E  X  I  P  H  P  X  A  T  G  K  H
H  P  Q  K  P  L  N  L  F  G  Y  J  G  Q  R  C  B  Y
W  G  R  T  B  M  E  P  I  J  C  S  Y  K  S  I  T  A
X  C  Q  E  U  Z  Q  M  Y  K  G  T  N  N  T  T  N  F
```

JOLLY	CHRISTMAS	SALES
CANDLES	HILLTOP	SNOWBALL FIGHT
VEST	YULETIDE	WINTERTIME
BOOTS	BUBBLY	GINGER

Winter Word Search Puzzle #59

```
B T M A G S M E L A S U R E J
Z J I L A H C F F Z Y E V O G
R P Z Y C O T X I N L R Q E G
I M R B N V C O K R L C T C X
X H T H J I Z O O F E N Y D Z
B Z C G V E U D C T O W J V T
F E M N B W M G S T T E O R X
H L L X I Q B X N I O E P R J
J J E E T R E S S E D H E H K
U N P E V I G I G X P P A W Y
B W M W C A R A M E L S A H S
M K E A S E T E O G O B A R G
J V R P C I X I R N D F O H W
G K M I R I N O O J Y R R E U
M T B G A T A T D N B G X B P
```

FLEECE   SWEET TOOTH   GRINCH
WRAP   JERUSALEM   ASPEN
CARAMELS   DESSERT   HOT COCOA
PENGUIN   FIREWORK   ELEVATION

Winter Word Search Puzzle #60

```
K  M  P  B  E  J  M  W  G  B  Z  G  L  B  Z  K  J
M  N  T  R  A  N  X  A  Q  T  D  L  H  O  L  Z  Q
B  H  O  Q  B  P  T  T  L  W  G  X  J  N  G  G  M
I  C  P  O  L  A  S  H  P  T  O  T  J  P  V  H  C
Z  K  O  U  K  R  P  U  S  A  W  B  I  B  E  J  Q
T  H  S  K  F  A  G  R  A  C  R  G  J  K  Z  N  T
T  S  C  X  F  D  O  R  X  L  A  D  L  P  L  W  I
K  G  O  P  B  E  X  X  E  B  C  F  J  J  I  D  C
H  J  E  R  Y  I  S  F  R  U  Z  A  B  N  L  B  P
I  U  A  F  F  E  C  T  I  O  N  A  T  E  L  A  Y
J  N  C  O  A  L  A  K  I  S  M  I  Y  N  Y  X  G
L  W  H  A  R  C  Z  F  D  V  W  A  T  U  A  I  Y
J  R  I  P  W  I  F  Q  U  V  I  A  S  E  Y  S  C
Z  A  I  R  P  O  R  T  U  B  F  T  Q  C  D  I  M
U  P  O  G  Y  B  E  L  S  T  H  G  I  L  U  O  N
L  E  W  Y  R  R  O  Z  O  S  V  I  X  E  R  V  G
Z  D  N  N  O  R  P  C  P  X  E  G  W  V  S  Y  K
```

COAL   CAFE   AIRPORT
FROST   REUNITED   FESTIVITIES
LIGHTS   AFFECTIONATE   SANTA CLAUS
PARADE   UNWRAP   AMOR

Winter Word Search Puzzle #61

```
Q L X Y I M E H E L H T E B D Q F
M O X D E G P G T Y J A E L L A R
Z X G V E U L V N I Z V N X O X R
U U A X L K Y E G A W N Q U O B T
S N A I H Y D T E W H H G A G T H
U T L A I R W D C L L C G B D S E
G A X H I Q U S E V Z P X Q R J L
J Q O U W R G J N C Q R U E C O D
B S N O W M O B I L I N G K L H G
X E A K N A O H X G S P U H C M O
R O W D Y K D Z P O I K S U W S R
E U I V C L W Q X U M D O K M P T
S M T I H Q I F W V E N E O Y T O
H T S O U H L R M V V Q C C B D D
C G I P H P L G R W X P C T O B A
S R Z D A R K R V E J O P C A R D
L N D U L N J Y N J M T E A M E T
```

BETHLEHEM   BOOKS   MERRILY
SPICED   ROWDY   EXCHANGE
DECOR   SNOWMOBILING   EUPHORIA
CARD   GOODWILL   GLEE

Winter Word Search Puzzle #62

```
R W P H C R L T W G J V W Q Y I F M
L D N K I G B R M Y R E K A B J X B
Z C L D W Q I S Z B K A G I X D U X
C G Z S E N W A M I G D W O U F G P
H K A D E I J T V M C T A K O I T E
W U R B D G F F I I U O U A M R N V
Q A T O F H N X E U D F B M X E C D
S J N Z N T X A O W B F M K B S X S
F H I J K S M E R S T E J A Q I K A
V F A T M K D N S O S E O Q W D Y E
Y J E E Q P P A H L P X N W E Y F
H W G W U N A V Z B W U D Y H L R S
E N I Z A G A M W O O D S T O V E I
J I N G L E B E L L S D C L Y Y X J
G F G H U Y G F H D N I F E G E N F
Y I E B I B O D A A Z N A W K L X Z
L N R A E W G T P I K G F P B F T J
R T U F G D P Z L Z J Y P D I Z L E
```

WOODSTOVE   MAGAZINE   TOFFEE PUDDING
FIRESIDE   GINGER   KWANZAA
SCROOGE   ORANGES   NIGHT SKY
BAKERY   HAPPY   JINGLE BELLS

Winter Word Search Puzzle #63

```
Y  B  G  N  J  Y  C  N  S  D  L  F  B  S  Q
K  A  X  O  W  L  G  L  H  T  C  J  T  R  G
Y  U  C  O  L  L  E  J  H  A  O  W  Y  L  U
Q  U  U  A  N  U  T  C  R  A  C  K  E  R  W
T  D  S  G  M  T  F  E  D  N  Y  X  G  G  Q
D  O  N  A  T  E  U  E  G  L  Y  S  X  X  F
S  V  E  C  H  A  R  I  T  Y  U  M  R  U  N
A  E  H  G  L  W  T  A  H  A  S  A  Y  S  V
H  S  R  A  D  A  L  P  I  V  R  N  B  I  T
O  P  A  U  S  I  B  J  Z  F  V  G  M  Z  F
V  T  H  M  T  K  R  N  M  E  D  E  S  T  G
D  S  R  V  X  C  Z  T  U  I  T  R  V  G  T
T  T  X  K  M  L  I  N  R  W  X  O  D  W  M
I  N  B  Z  H  P  E  P  T  A  Y  R  V  B  I
N  R  E  J  H  N  Y  R  I  Z  P  B  W  O  R
```

DOVES	PICTURES	JELLO
CAMERA	MANGER	PARTRIDGE
GRATEFUL	LOG	XMAS
NUTCRACKER	CHARITY	DONATE

Winter Word Search Puzzle #64

```
L  L  F  B  U  D  N  C  J  N  N  R  G  J  J
C  E  C  A  L  P  E  R  I  F  J  H  Q  E  A
F  C  H  P  I  N  E  C  O  N  E  G  W  G  A
V  N  R  P  S  H  N  G  R  A  G  U  S  R  M
P  C  H  E  E  R  F  U  L  C  D  W  U  T  K
L  Q  Z  T  I  W  E  H  D  I  K  T  N  K  K
X  F  I  I  P  L  N  P  V  D  O  Q  R  V  T
V  I  S  Z  G  T  E  E  P  D  M  X  I  I  B
H  P  P  E  G  N  D  D  G  I  X  J  Z  U  P
E  Z  E  R  V  N  I  B  N  K  L  B  G  O  S
O  I  B  S  A  O  I  X  H  A  O  S  I  E  Z
S  D  Y  Q  D  N  L  T  A  T  H  T  U  W  L
W  B  D  C  G  E  C  C  S  L  C  C  D  Z  W
M  L  M  E  W  N  U  E  I  A  E  F  C  G  L
M  A  Q  V  A  L  Y  H  R  I  T  R  E  Z  J
```

PINE CONE	CHEERFUL	SLIPPERS
CLOVES	ROAD TRIP	TASTING
FIREPLACE	CHANDELIER	RELAXING
APPETIZERS	PRANCER	SUGAR

Winter Word Search Puzzle #65

```
T  X  G  U  E  H  Y  U  R  R  D  C  Y  K  Y  B
N  N  A  C  G  M  E  L  Y  C  E  Z  R  C  R  X
F  N  J  Z  S  Z  I  T  E  J  C  P  D  E  A  G
J  J  V  J  K  U  R  T  X  F  O  L  H  R  J  S
F  J  T  F  O  D  O  Z  Y  J  R  Y  G  L  D  A
E  K  T  H  W  J  T  E  F  R  A  E  F  B  X  T
F  Z  U  R  I  D  L  W  G  O  T  C  E  U  O  P
L  A  P  V  I  Z  A  S  A  R  I  N  K  Z  L  I
W  O  G  J  H  Q  A  H  I  F  O  Z  I  E  E  L
U  X  Z  D  X  T  L  Z  R  R  N  G  O  W  T  Q
J  D  Y  R  W  L  A  Y  E  R  S  A  P  W  V  C
A  H  A  T  E  X  P  R  M  Z  J  R  H  F  W  U
O  T  H  R  P  O  I  N  S  E  T  T  I  A  K  Z
E  B  O  L  G  N  U  P  S  O  O  E  R  A  B  B
K  H  B  O  F  L  G  Y  F  F  J  M  F  I  H  X
W  J  W  F  B  G  H  P  A  G  S  L  J  Z  M  C
```

TRIM	JACKET	BOOT
GORGEOUS	GLOBE	POINSETTIA
WINTRY	FREEZE	LAYERS
CHAIRS	JOYFUL	DECORATIONS

Winter Word Search Puzzle #66

```
W  M  N  J  I  K  S  Z  O  I  M  T  B  T
C  H  A  M  P  A  G  N  E  A  A  L  F  R
W  H  G  N  I  R  E  V  I  H  S  H  T  C
S  C  I  A  I  P  E  X  A  A  J  L  X  P
G  L  A  M  O  U  R  P  E  E  R  F  V  M
E  U  A  G  N  Q  N  R  A  S  F  T  F  J
P  I  E  L  N  E  H  O  B  P  H  F  N  S
F  R  P  S  O  I  Y  C  Q  B  S  K  Y  X
U  P  C  N  T  M  D  L  I  U  C  W  P  B
G  U  E  R  A  O  K  A  W  W  J  F  E  D
P  F  B  L  F  C  W  I  E  O  X  F  Z  N
E  Y  M  L  P  O  E  M  N  R  Q  Z  M  O
W  A  C  S  F  J  V  P  M  W  G  E  N  C
J  D  A  Q  T  T  K  A  F  E  E  W  E  X
```

SLALOM	SKY	TRAINS
SHIVERING	CHAMPAGNE	NEWSPAPER
PROCLAIM	READING	GUEST
CHIMNEY	PECAN PIE	GLAMOUR

Winter Word Search Puzzle #67

```
E  P  L  F  G  E  A  V  C  G  L  Z  N  U
C  H  A  R  G  U  Y  Z  U  W  M  Z  T  Z
H  A  V  G  N  N  B  B  U  F  O  W  R  H
E  A  S  P  L  N  I  E  Y  S  U  R  S  V
F  D  E  H  V  O  V  L  X  E  N  Z  S  A
L  Z  J  T  M  M  V  I  D  Z  T  U  J  O
M  E  O  O  T  E  T  E  K  N  A  L  B  G
Z  E  G  C  L  O  R  V  L  K  I  X  U  M
C  C  N  N  C  O  H  E  E  C  N  K  Q  A
T  Y  C  O  Y  A  V  J  U  Z  R  E  A  Y
V  C  U  T  R  W  S  L  H  U  S  Q  V  R
A  P  H  U  L  A  O  I  S  T  R  P  O  O
B  L  K  X  L  X  H  N  O  F  E  L  S  G
D  T  N  Y  Y  E  D  Q  S  N  Z  P  X  A
```

GLOVE	MOUNTAIN	CHEF
OVEN	SNOWY	HOT TEA
OCCASION	BELIEVE	BLANKET
CASHMERE	KINDLING	MENORAH

Winter Word Search Puzzle #68

```
O  Z  C  Z  Z  I  A  E  A  K  N  R  I  K  S
I  P  C  P  H  I  P  S  P  E  H  L  U  G  F
Q  H  H  U  E  F  A  Y  K  V  W  Q  B  Z  R
U  N  I  X  P  X  U  N  R  G  R  L  Q  T  X
M  T  P  S  Q  C  M  L  G  E  O  H  U  I  N
E  U  Y  I  B  W  A  S  P  E  N  A  H  V  V
S  I  K  D  U  Y  G  K  R  K  L  E  L  Z  X
Z  F  H  F  W  T  I  W  E  E  R  I  E  Y  R
O  B  C  U  Z  I  C  P  Q  P  L  O  C  R  Z
W  K  I  T  M  M  I  S  Y  X  M  O  E  C  G
U  S  R  A  E  B  R  A  L  O  P  M  R  O  D
B  V  F  F  B  V  L  X  Y  R  A  U  N  A  J
C  Z  Q  P  E  N  L  E  U  P  H  O  R  I  C
F  J  H  U  E  V  F  E  A  E  W  N  V  U  T
T  K  Q  B  R  B  E  N  V  A  S  H  Q  F  O
```

MAGIC	ASPEN	JANUARY
VELVET	HUMBLE	SKI
EUPHORIC	CAROLERS	GREENERY
POLAR BEARS	ANGELIC	CUPCAKE

Winter Word Search Puzzle #69

```
L  B  C  E  F  K  L  V  H  H  K  K  X  U  W  F
P  Q  C  A  P  M  Z  C  V  A  R  J  M  I  V  C
Q  S  W  F  H  D  X  O  F  F  K  S  R  C  P  S
Q  T  B  M  C  A  N  N  R  S  F  K  P  L  S  U
Q  O  J  B  P  H  Q  F  Y  I  F  F  U  A  P  L
P  A  A  E  T  S  W  E  A  T  E  R  R  N  E  B
C  S  M  R  A  D  E  C  V  D  K  X  K  T  A  T
W  T  D  R  J  N  D  T  U  I  U  X  N  Y  R  H
B  Y  L  I  M  A  F  I  N  T  E  V  B  A  M  C
F  S  L  E  E  P  Y  O  M  A  K  C  D  O  I  W
A  T  K  S  Q  Z  C  N  Q  D  L  R  E  K  N  A
M  V  A  P  K  P  F  S  S  A  T  L  P  R  T  F
Y  A  Z  K  I  B  R  W  L  M  T  E  A  W  W  Q
B  A  C  I  S  N  I  A  W  Z  Z  I  B  G  U  R
O  I  H  M  N  A  P  N  C  D  B  I  L  J  M  Y
B  V  N  Q  Z  U  R  S  U  P  Y  C  R  D  C  Q
```

BERRIES	CONFECTIONS	SWANS
RECEIVE	SPEARMINT	CEDAR
GALLANT	TOASTY	FAMILY
SLEEPY	SWEATER	HANUKKAH

Winter Word Search Puzzle #70

```
G Y R E T T O P R U O M W H
Y N D V B F R Y G R Y L H R
Q U I D C T E P A T Y P F A
X R U R O C T I Z C Z U U R
X K E I E T T Y L H D W R E
J D O M I H T C Y E R L U C
E I E H F S T O R R B J C Z
U E N T O T E A H I V A U X
A F T G H Y R L G S F E T G
K S D I L G W S P H E M X L
S Y L D N E I R F P E N S O
T E J D L G N L U H A K I V
C S S Z J V I O E S X K F P
C O Z K X A X F D D H W N I
```

HOT TODDY   PINES   JINGLE

CHERISH   COALS   APPLES

FRIENDLY   BELIEF   DELIGHTED

IGNITE   POTTERY   GATHERING

Winter Word Search Puzzle #71

```
I  L  S  C  H  Z  J  P  W  O  U  V  F  I  T  Z
R  A  O  V  R  E  R  H  M  I  G  S  E  V  U  J
Y  G  K  A  T  E  Q  T  H  H  G  C  T  G  M  J
D  P  Y  K  C  B  H  N  G  E  J  V  Q  L  G  I
D  R  M  K  I  W  S  T  P  C  S  G  W  W  O  Y
D  Q  D  S  A  F  V  V  A  U  D  T  M  X  L  N
C  L  P  E  N  V  U  C  D  Y  E  E  K  A  P  W  B
V  E  X  L  T  T  S  C  C  Z  L  X  F  O  B  A
X  P  J  X  S  A  M  N  J  R  J  P  F  P  C  K
A  F  H  L  P  E  N  J  O  Y  M  E  N  T  F  E
S  P  I  C  E  N  K  I  U  W  R  N  G  D  S  R
Q  S  S  G  D  O  I  A  M  Q  A  S  A  G  E  Y
B  L  D  M  H  V  N  X  C  U  N  N  K  L  Y  I
K  D  I  A  H  Z  G  D  N  X  L  C  G  U  G  H
P  F  S  F  Z  T  N  N  S  C  C  L  A  E  T  Y
S  X  N  S  D  Y  N  O  Z  V  R  Q  I  B  L  O
```

LEATHER	COATS	ENJOYMENT
SPICE	ILLUMINATED	NOEL
BAKER	KING	SAGE
SNOW ANGEL	CAKES	HYGGE

Winter Word Search Puzzle #72

```
W  N  J  Y  A  E  I  M  Y  E  O  W  Z  T  D  G  H
X  W  P  X  K  F  G  Y  H  F  B  K  S  M  P  Q  X
M  H  O  C  E  R  F  P  I  R  H  N  I  P  E  W  D
P  A  O  X  D  N  L  E  O  O  Z  W  S  A  E  Z  C
O  P  D  P  C  E  N  A  C  S  E  Y  T  L  O  P  H
U  T  T  W  E  D  L  B  G  T  P  C  E  S  V  U  C
D  M  A  A  S  F  T  I  S  E  I  R  R  U  L  F  V
I  V  R  T  N  L  U  N  C  P  S  O  P  J  T  X  P
E  J  Y  A  O  J  O  L  I  A  K  J  N  L  K  N  Z
X  Q  N  H  W  P  Z  P  G  M  T  U  F  A  C  D  G
X  E  G  P  M  O  T  I  E  I  R  E  G  U  T  N  C
B  Z  I  P  O  B  T  E  I  S  H  E  S  G  A  E  W
E  I  I  G  B  P  Q  Z  E  S  K  L  P  H  N  K  G
H  U  J  P  I  Z  M  T  G  W  W  P  E  P  V  W  V
C  E  W  G  L  C  G  F  J  F  S  E  Z  Q  E  F  S
M  F  S  I  E  N  M  Q  C  R  I  D  U  C  Y  P  W
P  O  N  F  U  E  D  M  F  J  X  L  L  B  R  Z  K
```

AFFECTIONATE   FROST   HOPEFUL
SNOWMOBILE   CANE   MINT
FLURRIES   SWEET POTATO   SLOPES
LAUGH   SISTER   DELICATE

Winter Word Search Puzzle #73

```
W  E  K  E  K  Q  D  D  A  M  M  X  U  Y
M  C  B  W  Z  G  B  E  E  V  Z  P  M  Y
P  U  Q  Q  J  R  S  P  G  L  Z  P  S  Q
R  T  C  A  V  X  E  C  L  A  T  K  T  L
R  Y  R  O  V  A  S  T  T  J  G  S  B  P
O  F  Z  A  H  C  I  E  T  M  C  N  E  W
A  K  Z  L  N  Y  O  S  M  A  D  P  E  N
D  B  L  X  G  Q  N  M  I  A  L  C  X  E
T  R  H  E  V  J  U  N  F  X  G  P  Z  C
R  D  T  A  M  R  T  I  U  O  Y  U  K  D
I  T  I  C  E  O  J  F  L  N  R  O  Y  Y
P  H  P  R  E  C  N  A  R  P  W  T  I  O
S  Z  E  B  G  Z  A  N  I  W  M  F  O  E
R  Y  R  E  P  P  I  L  S  A  V  Y  P  P
```

SLIPPERY	PLATTER	EXCLAIM
LEMON	ENGAGED	GAMES
TRANQUIL	ROAD TRIPS	PRANCER
SAVORY	NESTLED	COMFORT

Winter Word Search Puzzle #74

```
I F T Y M G S Z I U L T Z T M K N V
U W E B H E B U C K S G Z F I Q Y E
B H F H E E S T R O L L R Z U L Q W
B Y V Z F Y V W B Y W T J U Q P P F
D M L W G X T E Y Y P O H S Q O S E
P T J O C H R I S T M A S T R E E L
L M S W H H W E C A X U P G G Y Q I
S H K C Q M G P N O M Q Q X R T I Z
K T V T T X C S K N S T T J F G V N
Y P R T D A L A H E O G S H L W K A
Q Z D E I T N O B Y O D H I M J T V
X S H M L T Y N O Z P C V D R W A I
W U O E M A A S E C U G Y E C H P D
S V H I N K T Z Y N R I B I Y N C A
M J A C J J U I Q B B E C M Z T T D
U U U A A H O B V P O A R D X E U G
K K L I G E C Y R E T S U L B H W N
D G J G O S E T A K S X E M J U R K
```

STROLL	CITY	ENJOY
DONNER	PAPYRUS	TANNENBAUM
SKATES	CHRISTMAS TREE	BLUSTERY
FELIZ NAVIDAD	RELATIVES	CHRISTMAS EVE

Winter Word Search Puzzle #75

```
Y R O S M K H Q M F B F W T
P I E U E D F E L M Q N O N
C U H T R L L Q X U T I B D
C O O C N I C H N S Q P O Z
Z E E S E I L I M A F X U I
K V H Y Y L W I C A Z U Y V
R E Y F S O D S G I T T V S
U F C T T K T N Y H N L I G
V D G A T H E R A N T Z B N
D D O W E N K Q V C Z S M L
W N D P E P E S L E Z I S H
P X U M F L A V I R U R U L
Z W F D U O I B D R R F H Z
U N G U B M U H H A B C Y H
```

GATHER	FAMILIES	WINTER
ADVENT	LIGHTS	BRISK
TOYS	BAH HUMBUG	PEACE
SOUP	CANDLE	ICICLES

Winter Word Search Puzzle #76

```
M Z W R E P M S S Q H T F F C
U Y F S W R J Q V K K S C G R
V X N I O E T T E U X E D Y X
U T W V L S P C R I S P Y Y M
C N K M S E R W H G X N F V R
N W Y I E N G E A I Y P M F F
T M R P W T E P T U M L U Y I
B U X Z I S A N U A P N W L H
W M Q Z N T S L F Y K E E U M
U R A F G P Y F L E N S V Y P
K K E L T S I H W P S M E Q O
I D R U M M E R B O Y T N C Z
M N G V W D E F O A O Q I D I
V U W O I S W Y A R G A N V Y
X Y I D K D D Y C C W Q G O E
```

CHIMNEY	EVENING	SEWING
METAL	FESTIVE	DRUMMER BOY
CAFES	WHISTLE	PRESENT
ICE SKATER	CRISPY	HYMNS

Winter Word Search Puzzle #77

```
V W E F F Z D J S N I A R T F N
C M H H Z J J D E T E S P N C T
X M R K Q S B K Q X R H D V O P
O T P W Z C N L V S L O U G K K
D Y A U I U D O V Q B V P J Y W
S O L Y C P E M W U C E D R M U
E T G P R C K C G I M L O L I F
S W U S O A D Z A R N S U M R A
B B G N L K M I M R I G J X R F
H V V X T E T P P E V J I L E C
P D O M V S D Z P L N E A W K S
C T S R V I E D G I Y E F J R C
T V T U V L F H I G K Z R H H Q
T J R H M O J O C N P U O E O J
B Y K S F G I R T S G S S C S G
S X N H N I V Z J X M P T K C Z
```

SNOWING   CHESTNUTS   SQUIRREL
DOG SLEDDING   SERENE   CUPCAKES
MARY   FROST   COZY
SHOVELS   AIRPORTS   TRAIN

Winter Word Search Puzzle #78

```
M  B  P  D  J  E  T  O  D  C  R  F  P  V  V
N  L  U  Q  E  J  M  I  I  H  P  O  A  V  U
H  N  M  G  N  I  K  K  S  E  R  P  A  X  H
L  Q  E  G  Z  O  T  N  P  R  J  O  Y  G  Y
Y  Z  T  S  Q  K  N  B  L  I  K  V  M  E  A
Q  C  A  K  H  Y  M  K  A  S  P  E  W  U  U
Z  O  L  X  E  D  S  Y  Y  H  D  R  H  D  H
E  I  L  W  C  V  G  S  S  E  U  S  B  J  A
S  H  I  A  O  U  I  M  Y  D  M  E  J  J  D
K  U  C  H  A  R  I  T  I  E  S  A  X  S  P
Z  W  F  J  M  S  P  C  A  L  K  S  E  B  U
X  N  Y  L  J  O  X  W  F  E  T  R  O  L  D
Q  P  V  E  D  U  T  I  T  A  R  G  U  J  E
Y  E  W  F  X  I  C  D  L  K  Q  C  W  T  V
S  U  S  W  J  Z  X  H  J  A  E  T  U  M  Y
```

CREATIVE	GRATITUDE	TURKEY
OWL	OVERSEAS	METALLIC
DISPLAYS	CHERISHED	APRES
CHARITIES	HUMOR	JOY

Winter Word Search Puzzle #79

```
U M L N C C M P S T X H V J X B S D J
R Q M T Q H I B P N N G H O Y U K Z P
O L C G F O R T G M H I G X G S O Q W
C O N P N C A I K Z S Z G N T V N Q I
B X I F H I C O S B K G W H F L W H J
N R K B M R L T S T E T O Y T X H X G
X T E Q Y P E I M E M A L F D G T H M
Q D N P S N S E M R C A U Y R Q I U I
D F R X A Y T X D S L R S T G H I X U
Q U A J W P G T K N P Z E C Y O F W T
U I N Q Y Y G D T H I Z W T A B O J E
M I O W L T L N I M C E E L S R A V A
I E O N O Y I R I O Z D R R M A D U O
R O O F T O P R T P L L X G I L N S L
J W H R I W D R U G P N P V T F M T F
X A I P G Y F V B C U A U H T Z C J A
A H H Q Q H T P S I E K R F E X A O C
M V K S K E V X B A O S G W N D W E W
W G I Y K Q P P Y P L I Q S E R F R M
```

WRAPPING PAPER   SMITTEN   MIRACLES
BEAUTY   SECURITY   ROOFTOP
NIGHT   FLAME   SECRET SANTA
REINDEER   SMILING   CHRISTMAS CARDS

Winter Word Search Puzzle #80

```
Q  Q  B  Q  P  J  T  Y  A  Z  C  T  Z  H
H  O  A  P  Y  O  Q  J  K  G  H  R  W  O
R  E  G  D  I  U  G  V  P  V  V  W  L  S
U  E  N  M  D  I  I  K  Z  F  W  P  J  O
Z  G  Z  R  Q  Q  D  E  P  J  A  L  M  P
Z  D  R  E  S  R  S  P  R  U  C  E  A  I
S  Y  E  A  S  N  O  I  S  A  C  C  O  K
E  E  F  D  C  F  R  I  E  N  D  U  U  I
A  H  G  A  N  E  V  E  M  G  R  E  E  N
N  Z  O  A  C  U  F  Z  D  D  M  M  C  D
M  N  M  P  K  A  O  U  K  N  I  X  P  N
T  K  Q  O  K  C  C  R  L  N  O  J  A  E
Q  A  N  O  W  I  A  H  G  I  V  W  Y  S
Z  V  S  N  A  C  E  P  Y  R  A  G  U  S
```

SUGARY   GREEN   CEDAR
PACKAGES   KINDNESS   FRIEND
GRACEFUL   OCCASIONS   PECANS
SPRUCE   GROUNDED   WONDER

Winter Word Search Puzzle #81

```
Z  Y  Y  L  A  U  D  N  G  G  F  F  J
W  H  R  M  D  D  S  H  Q  A  A  J  Z
A  E  C  S  Q  B  A  N  O  L  V  I  M
D  Z  S  P  E  C  I  A  L  I  S  F  J
L  E  Q  Y  C  V  A  C  U  D  D  L  E
C  A  R  D  A  M  O  M  Q  U  F  A  Q
X  P  Y  I  X  W  J  D  F  D  O  Z  R
F  M  A  E  F  N  W  S  N  Q  V  X  K
E  B  B  R  R  K  N  U  M  P  I  H  C
N  R  V  J  T  S  N  O  W  F  A  L  L
W  I  T  H  A  N  K  F  U  L  O  Z  E
Y  R  K  B  Y  Z  E  G  N  I  V  O  L
C  V  I  L  L  B  B  R  D  Z  A  T  R
```

CUDDLE	CARDAMOM	SPECIAL
THANKFUL	DOVES	LOVING
CHIPMUNK	LAYERS	RADIO
SNOWFALL	FIRE	PARTNER

81

Winter Word Search Puzzle #82

```
I  M  E  I  E  G  N  I  N  R  O  M  H  V  X
S  E  Q  B  A  T  P  T  O  C  Z  N  L  O  R
C  E  Q  H  G  J  A  J  S  W  I  X  H  O  M
O  G  V  L  U  G  S  I  G  A  H  B  X  A  K
O  S  Y  L  U  I  E  W  C  Y  E  A  O  A  T
T  H  H  A  E  F  N  O  E  E  G  F  J  D  Y
E  Q  M  J  M  T  Y  W  U  A  R  I  S  H  I
R  W  K  S  B  I  A  O  D  I  T  P  Z  R  X
U  B  A  H  W  N  S  L  J  O  P  E  P  O  H
A  F  W  F  V  G  W  T  O  G  C  W  R  A  Z
U  Y  V  Y  J  Y  D  X  L  C  I  G  J  S  H
I  Y  E  L  J  Z  D  P  L  E  O  C  U  T  R
B  T  Z  C  W  B  P  L  A  N  T  H  C  T  M
U  A  V  J  O  Y  A  G  A  R  F  O  C  N  H
V  D  D  Q  A  Q  B  J  K  E  L  F  E  H  A
```

FEAST	ROAST	MISTLETOE
ELVES	GIFTING	SWEATER
SCOOTER	PLANT	MORNING
JOYFUL	APPRECIATE	CHOCOLATE

Winter Word Search Puzzle #83

```
Z  S  R  Z  K  D  A  P  A  X  S  N  N  H  U  P
F  F  A  H  P  Z  Z  R  R  S  K  H  I  Y  V  D
E  B  H  E  Q  K  R  S  W  J  X  E  Y  V  F  C
T  O  K  O  J  E  M  S  A  I  K  C  Q  O  Q  L
S  P  T  C  L  G  A  H  E  A  T  K  F  B  M  R
N  U  A  E  O  H  P  D  X  V  M  P  M  T  Q  V
V  O  N  R  Y  S  L  Z  G  L  O  W  I  N  G  U
K  E  I  A  V  A  E  Q  T  Y  B  L  I  I  V  O
F  N  E  T  M  X  M  Y  I  I  D  P  C  L  L  P
X  E  M  L  A  W  B  U  R  G  U  N  D  Y  Q  B
Z  I  F  L  U  N  O  T  Y  R  H  R  P  U  X  M
E  Q  Z  Q  A  R  R  N  N  E  U  C  F  H  D  T
C  E  C  N  A  V  R  E  S  B  O  L  R  X  S  S
C  S  K  V  G  C  Z  I  B  H  Y  K  F  I  X  A
A  E  O  I  H  C  A  T  S  I  P  Y  T  Y  B  W
L  T  O  N  J  D  Y  D  Q  X  H  R  S  G  G  O
```

FLURRY	SNOWMAN	HIBERNATION
OBSERVANCE	BURGUNDY	PISTACHIO
MAPLE	HEAT	FRUIT
GLOWING	BIRCH	CLOVES

Winter Word Search Puzzle #84

S	F	C	P	R	H	M	X	E	E	D	H	M	J	I
X	S	G	C	I	U	J	N	I	K	O	J	O	R	N
D	N	U	F	B	C	M	A	F	C	T	V	A	X	Y
F	U	J	A	M	Z	Y	P	E	L	C	A	R	I	M
G	G	Q	G	C	O	J	F	U	S	R	L	L	E	S
M	G	I	Y	R	R	U	Q	I	N	S	T	Q	J	Q
U	L	L	C	E	N	Z	T	A	S	C	O	W	P	D
H	E	A	V	E	N	X	Y	O	J	U	H	L	V	V
F	Q	M	A	H	S	O	L	R	I	R	O	P	G	G
Y	W	M	B	Y	J	K	H	B	R	W	N	X	S	K
M	S	J	R	R	S	U	A	L	C	A	T	N	A	S
H	F	T	I	H	A	V	G	T	P	D	T	M	Z	Y
T	Y	J	N	K	Q	C	L	Q	E	V	I	S	B	O
A	K	D	Q	R	G	Q	E	J	Y	Q	W	J	V	F
E	Q	Y	O	J	H	E	N	I	J	Q	C	M	M	J

SNUGGLE   ICE SKATE   MIRACLE
HONEY   GLOSS   STARRY
RUM PUNCH   HAM   SANTA CLAUS
EMBRACE   LATKE   HEAVEN

Winter Word Search Puzzle #85

```
Y  C  R  S  K  T  N  I  M  R  E  P  P  E  P
A  F  V  H  U  V  Z  C  W  L  T  P  Q  S  T
G  B  S  T  R  O  F  M  O  C  Q  X  P  O  V
W  I  I  L  L  E  R  D  R  Z  O  A  V  I  C
E  H  B  U  T  T  N  E  V  C  I  O  D  N  D
H  N  Z  N  Y  X  O  A  N  N  U  L  F  O  R
J  O  F  Y  K  A  A  Y  H  E  M  N  Y  Z  V
U  H  C  S  D  O  P  R  S  P  G  Q  E  Z  L
M  G  K  R  T  Y  E  R  E  K  O  G  V  M  C
F  N  X  H  E  J  W  G  H  T  C  L  H  N  Z
H  R  V  E  W  C  A  R  D  I  N  A  L  I  C
W  A  H  X  U  M  L  V  Z  O  I  A  N  E  G
E  K  W  T  J  B  N  U  B  O  L  Z  B  S  C
P  Y  P  B  W  I  U  V  B  O  F  Y  X  T  X
M  Q  W  R  E  A  T  H  S  O  K  G  D  D  L
```

BANTER
SNACKS
GENEROUS
LODGE

CELLOPHANE
WALNUT
COMFORTS
PEPPERMINT

WREATHS
COZILY
CARDINAL
TOYS

Solution 1

```
Z S F O Y Z T G N N A N W P E
S N E R Q U R R H Z O I Q P B
S P E C I A L O O N N C L Y G
L A O G S K I F O P L U X X C
P C L R P T I H R F R P U A W
O Y T P T J A B H G T I S J D
E K F R I X G T O J V O A O Z
A W W M U N F U I U U G P C I
M B Z A V E E U G C N T I D R
H G L C N B W L M I T T E N S
I E I R N Z I I D A Y R Y A Y
C Z C F I B A I N N F L B C A
T C S I B Q F A D T A K Z Z H
O R L G N I H S I F E C I J V
R D Z Z C A H Z K K A R G Q M
```

Solution 2

```
Y T I V C V L W C N Y R P K R T
K T X M F L Z K E P X T F T H J
Q Y X S P V R H S E X V M X R L
I E Y A D I G N N P A E L P T F
H V M X S X J D K T I C A E Y N
J V V H D E C E M B E R S H I B
N F A S K N Z H T A E R W U P Y
M S E R L E S N I T O C Q L D D
U P B A L E F N E L F U M E X H
T K D K C C W H J P L X O A O I
P H E V I T A L E R B Y W R D R
X L A N O I T I D A R T C Q R W
T J Q R J J G O L E L U Y S Z C
N D Y Q T D E S S E R T S J W U
W L G U F D J O S N A O H Q I G
P V U M C A R O L E R S F Y K Y
```

Solution 3

```
F R J V G R H C T S S U V S E K Q
L Z C W K S W W E S F P D M B V W
A L I Z R E D I I M W Q G T O D B
V N I P J J L J S L I F P J A G J
O F O K U C R C O P N G S C L O Z
R W C O X U N P W V T Q H R N G K
F L A N N E L S H I R T F S W A L
U S U G A R P L U M Y E C I E Y J
L I R E A R E G G N O G T E V I Q
F H Q A C U C T J W W R Y H G O Y
T R G J C I L W F U C D K A X Y S
C E I P N A C E P A X N I N A Z Z
O K T M S G N I D I T O L U C G Y
M F N Y G O F R U I T C A K E J X
X M U L L E D W I N E Q I K F Y C
B Y K V E U F L S R K R J A F W S
H H M V P G F V I Y O C D H Y T V
```

Solution 4

```
F O Y U H S L A M R E H T T P
P E C A L H G F E F H M T M L
L D A A N V U Z H Y Q U F E F
B H R S P T F W L N X I T H T
Q P D U T E E R T E N I P I R
X Q I F M I N Y T I N E R E S
J E G O S M L G H B W H E V K
D K A C S L E D U M Z F Y O L
O S N G B O X R M I F R I C E
Q J V Y N Z B U B E N I H L T
G M P Y X F A G L O O D W L I
H H R I L A T K E W Y A W J X
L I U C O X X M D Q Q A A Y A
C M C K A K D N U O B W O N S
X Q T D M G O R F W P R M V L
```

Solution 5

```
T W K D D Z O E A O T V C D Z L D
H L C I G A W J S C W Q I J I R X
V B F P Z N E V F D I G W S L W Q
B V F R D K I R M Z N B P B S O E
G L N V R X N M B F K C U I K L A
K S S B T B K K R R L J B C H V B
B L W O L W G Q Z A E V W X M E U
Q O S Y Y C Z N D N W G P W X S P
Q I W D M H S S W K R E N C A Q B
Y I P K L C J Q U I L T S I P U T
Q E V Y T F A R D N P U Q U G A V
E A X J H Y K R E C N A D A O S M
D Q Z S S W O B D E R M T V T H V
S Y A V Z V H P X N H E J N B S V
L N F H T I A T H S H C S Z A L I
F T F R M E H O E E Q V L Y B S R
R C H U J F E V K O V N W B E O T
```

Solution 6

```
R Y Z F J W F S T U J O G H
H C N I R G L P H A B A R E
L J E R U S A L E M T Z Q F
A W R E D U T I T A R G A M
U K N P Q V P K C T A U S C
G V Y L P K D A Z Z L I N G
H O G A T H E R I N G W O O
T J A C K E T S S N L B W L
E C H E S T N U T S H J B D
R U C T Q C X G D O D O O J
B R L I V A X I M L L Y A Q
S T T H B N G C V I N O R E
K B A V G I E R R U O U D V
O N P I V C H P W K A S J N
```

Solution 7

```
F E Y D E D L R S X Q F F Y E H K J L
B D F I E W G N I F X M H F C Q Y N U
S T Q H Y T L X P O W D E R A B J X A
D G Y W S H I S Z U Q O J J E W X I R
Z S I L N B Q R D L T W A R M J B X U
Z J W M U K Q G I Q F N N T D W W Y K
W U O O G W N O K P Z H V H U W V Z F
S L E I G H B E L L S I P D M C V S W
B V M X L K H A X G M L X S Q S Q H W
M W T V E R Z R A B R L R B S I V Z R
C V X W S U K M G Y E S N K Z Q G V G
K L N S W I C U G N T K I Z K U H N A
Z G H S F L C F P P I I F S M Q D H S
P T U S C A R F M Q A I U P B G L Q D
C I P C C B G S E B S N Y C Y W Q G U
C A N D L E L I G H T G O O M A Z Q D
N F F S M P F J O O C Q J V Q X P P J
P C L E I F W T A P J T O P N B M G K
W Y N D W Q U F P E R J P E J S S Q N
```

Solution 8

```
T S E T A K S E C I V R D T
C R Y S T A L T Q J S N L N
E V P L C G D C N L C X C X
O V C I C Y G V O E R T H I
K A P P L E P I E A S L V A
T E V E R G R E E N T E E E
I S X F B L A N K E T S R I
T R A N Q U I L X C N U M P
K M X P U H F Y C I G Z R Z
T H N W O T N W O D W O B E
Y M H Q P F M A S U Z L V F
G B U B Y J K E A V L W M C
M V I Y E B F A G S Q P N Y
A S H X C E G T D P H U O A
```

Solution 9

```
M G M Q Y I U W K W E Z C W S L K
V F R Y J I G N M I R A G C F I V
E X E A R E C E I V E Z Y V Q X H
K H C T N A X Q J J Q J W S W R R W
U A H N A D U L Q I H C X Y L T D
U K U W O N P N K L I U I Z K S P
Q V V S R I A A A A J T M L E I L
D H A N W N T R R J J Z M I W V M
W B S Z O A M A G E H U W Q Q R X
S O V C H I L D R E N A I H O A H
X N O F F S T N F B M T X G T J L
T E N D E R S A U R E O S Y A C U
O U O A S N U U N T R L P R P F G
I O B I G T H I E O F L E I U L Q
N U M Z C A O I T J D V C C V U J
K B J F E C T V G I K E D E Z I S
X I C L X J I E E Q S Y T Q H B I
```

Solution 10

```
F L R F Q K S U L L M F R L E
Q N S N H P J G G N W Z Q U J
I Q L W C F N Y N T K Z B E N
T N I K X B B R V I L B X D Y
O D P A X G O Z E T G O F N T
C S P E Y E N O H D A G E A S
R L E B O N W Z L E I H E O F
Q E R A I E W C B A P C W L S
W I S A S R S O E N C Q T Z B
W G K K B O P O Y S T I T O H
Q H H O U S N K X D P S G U H
R U D E L I C I O U S R E A I
Q K H M F T N N V R Z I U E M
I P I Y M Y R G Q Q W X U C O
K E Q M B F T M N U M M E S E
```

Solution 11

```
L J V P P Q N L O Z L R X Q B S P N
C X K W K S E O T A T O P T E E W S
R W X R L R V C S D W S R C Z D I J
L I R T H I Z U P V W L A R K W N X
U G S E C N A L G Y N C N G C G D U
Q W V B Y L I M A F O X C S E Y Y U
K D G B O L D E M V S F E C Q V Q O
W Z P N U U B N S V I O R P E P U M
M K S O D I H B H I L T U I A D O U
C V G J H E I Q U G V B S N D T O Q
K U F N W S D Q I B E K G E R K S H
Y F U S I O K I R J R C F C F O Z X
K L V R J D T R S N S N J O R D I J
R L X Q S A D B O A C K D N H X F T
D K Y J P W N E F W E X W E K P I F
P U R U K I G H L S C S Q A C W M O
T L F X S D F J T S R I I Z H E G K
G V E M P Q V B Y Q K I Y G T M Y P
```

Solution 12

```
C X I H N K M R L S J N Z O X S T
M V C Y W X Z A E O G R E M V H Z
E O S R G G B J Y I D J D R S O A
J L I Z K R A B S Q P G Y X N V F
H L B P X E O I C V X E I R U E M
M A W U X Y O Y N A F W O N G L R
Z D L C A G N I D D U P Y G G I F
Y Q K L I B Y C K I R W E N L N F
U K V K W D E R C I Q L W X E G H
T B O G D A E A P Q L V E X X P Q
B S E P E N Y R N C Z V W G C Q Q
N S V C E C Q B W I C B S W Q D M
J K D M A E G G D E V X Y Y X R F
Y P Q Y W R H N K F J C G P D I B
I Z V O D E B S O I K R C Y Y X J
P O M X A D C M O H C A K W B N P
K D A F X S F X E D Z Z N J T Z J
```

Solution 13

```
I X H I C M E D U L I M D I K B R P D
P C I H E G U M K I Z E X K B L B Q M
U C L Y Q C B R D S F X J S Q H O T P
F S P I R I T E D V U W S T K L I I F
K C S Z G M O G Q E Z A A V U Y J S Y
S C O W C P A C N H R R L N Z S Z T K
F A O E F B Z H S I R E H C P N X H I
V I Z L W S O G J U K B T N A C C E C
D K R C D U S G N I K C O T S T E S I
R W Z E O F M E P W I L K Q U P N E U
P X U R W P L G K B X N N R H B M A S
R N Q M N O Z A E Y T F X T A K T S S
T C G T J J O Y K N G F D Y T X D O B
K M O Q A J S D M T T Y M H U E N N H
O V L Z C G K P J Y Z R J U V M T H H
A V Y F K F N G Z C U V A K B L E V L
I K S S E R P A N G E L S D S P E M P
J U X D T J B C V O S Y E Z L Y S O I
B O M F Y Y S K W Z P X S K S H B L F
```

Solution 14

```
U O J Y E I T D F S R M P V A N Q
J F R O S T B I T T E N N B E T M V
P I E F L I A F D G P I S S L G H
E A R L N L S K M I L M K P A R O
N M R E K L Y B S D N R G X L C J
G D L E L J W S E E Z G K T C J B
U N Q C N T Z S O L R S S O E L B
I O I E H T N Z L K A U J R G L L
N Q Y D H Y S A D Z Y B G W X P A C
S Q U N D G C Y D E O T O I Z P A C
P E C G J U U U S H I V E R F S D Y
E D U K C I P A Z O J S I G A A U
C P I K N S R E L U Z X V Y S T H E
A C R N S H H K E S R C Z N Z E C
A O C H O P Q W L F Q D O C J H U F
T X Z I K B L J X G F U I X E X F E
Z D K O A B A O Y M H O B O X F C H
A K Z J C S L M V I G Q T V C T J I
```

Solution 15

```
W Z N M D F X A I R A Z J P R A F K T L
M P L G M O O B T P E L R J Y W Z C U Q
N I E T D N K D W V L E S R N O W V K U
G V C H E C I D O U L R J S G E Q J D K
N M J U Y G P Y P J O J O D R E I D E L
J K L Z X U O G T Q J U U E X A J Y C C
A S L M F G A O E P G K T H J N T D O H
K K J U P D L N R E L I J D Y I C S R R
X M Z R R K E H J C I I T P O B B U A I
Y S T N E S E R P Y S Y K B O D E T S
N J O S D C H R I S T M A S M A R K E T
B A P G W S M N W T E I J Y C U A S S M
Q M L X O W X B I O N Z V W S H K Y L A
E D C X O Z X B W D U X I Z W J Z V S
O Z G Y D Q I S B I N D Z K T A Q P Q E
Z D T T G H R R B T U D X E L A S I C V
Q P C G S R J J U K V N H M F O N M S E
F S K M T B Y Y H L P U E N O F I B Z R
O H Q V L B Q H W E H D B G S D A S V J
G K L B F X W Q Z C L S D G D Y Q L L W
```

Solution 16

```
X V I D N Y U Z U I S N U P D B W
C E T I S B Y Q Y K Y V O Z X C
S K Q Q G K D H B W N N C W U H V
O F R N S B R X R O A I I H Z Y M
L P D C B H K M N B R I G H T E N
U D A D I V A N Z I L E F H S N A
I L F R L A M R E H T F K F Q K O
N K V M W Q S A I R P L A N E G
F O M A P Z G I M B G R X M B D
F Y E D E D C M Q O W P Y T W A T
G Q G Y S N O W S T O R M M Z H Y
K K T Z G D S G R A M C N M S R N
A T O C Q T Z Y L E F X H X Q Z L
Y H K Y L E M F F U A N K E U G Q
F A M F G U U L H R M T W P O G H
L E E Q Q K H W T P D Y H N K X A
H Q T D P Y Q Q A E S O O S N Z T
```

Solution 17

```
N P U Z M I E S K E Z J Y I Q
U E J Z Z S C L H Q C T J R U
T T Z R M A R O O A O V Q J U
V N G T G I J P L P R O B E U
C P E P I X T E I B H O K M F
H O A M S L B S D E A T N T F
R L M L R L B G A Z T Z R E K
B A V Q F A O A Y E Z L W O M
F R O X R N E R V I F Z T R N
R B Z N T N G D A P V N R
O E Q L P E T E N C K R K A Z
M A T H O O D Z K E L N M Q
Y R G N B X R X M E F Q W E F
U S G H I V Y N R I B B O N S
A J H S N W V Q I O S S O T C
```

Solution 18

```
S L U C O S F O E J P X Q L J J
H L H X I L C V A V W G L G L D
O E A I O P G I I M C X U Q Q O
P S F Z Q Y J X W E G S G L O W
P A H N C S R E U N I T E A B M
I R I H Y O G N W H U P G P Z G
N U A N R S A C Z V O G Z S P F
G P M H J W R E N N I D Y O Z U
S E L U S E I R R E B N A R C S
I T F R L V I N S E K T A L L P
S C B Z D F M C Y A M K Y E D B
H P U C X W U H I D X H V S J H
W T Q M F A R K R Y O Q S Q U H
T O F U S D W W O O L C O A T Q
O F J N U N B V Z O C M M T C M
K G M G Z Z C A B U B J T R Z F
```

Solution 19

```
T Z V W V N E N G A P M A H C
K C Y C K S G Q G P C B V W T
V L R M Z R S T C B H X L M K
Y L O Q P E O A I L K U F I P
F U L F K A Y W C K E C V A C
F R U I T C A K E S S H F U R
M F G T C S S C A R D I N A L
R A Q X V C T U M W I D R S X
P W M J B F Z A O R R F B B Q
W Q Q E C P F I O N T D W P P
S E T A R B E L E C I S J Q I
N P V W Q R T E S O N M M J F
Z B A S E S Y R S Z T I U Z D
C R M I S P U A U Y V W A L Q
S S Z L L A F W O N S L T R F
```

Solution 20

```
R V N M D N P C K J G F R T K G
T E J I R E D R X V W P B P C C
W R J A I O C C A S I O N K R R
H N S O V S L O Z E S Q O O G Q
G F I E I Z E A R L F I R L H M
S B L H N C K I O A P M L N O U
J E Z O G T E T T Y T U R Z C F
H J M O T R I P S I A I V E K G
Z W M I M U E M C W R P O T E K
X D C V T R R W E M O A D N Y D
P L R R P R J K J N J T H D P T
U J V P A E E N E D T P G C C G
S A I H A E A T O Y J A A C S M
A J Z P V Z B B N A X Y L F D P
J T U V Z F O L C I G Z K E A U
U N T S A M O I T Y W T Y K R Z
```

Solution 21

```
T H A R R I Y C T E P V M X L D P P
W M G F G V W X L L E N U O H S L E
X S L L Q H E Y O I N X U H M F J X
W A S J I T X I A P F V I M A Z C U
P X T E T S H O P R I N G U R V P A
S Q I S N D T U R Z X K U X H F N Y
N W Y M A D I E W O O Z L B Q E I K
A B E K K H N G N I P P A L C X M B
P B E E U Y F I G S L E M A R A C J
O Y W J T Z J A K N J G C N Z P E T
B S D T Q P G C X L E P U K U U W C
M R E O T Y O N W B X S Z E G R A T
I C M Q N M S T C E B X N T S D Q F
V S H I S N O W A N G E L G T T E Q
H V X P C I E S P T U O V A X W G K
Q D S A S Y Y R A M O C K A Y U C F
U K V Q L H S X F D S E Y A O P X L
E B S C N Z M Z Z Y X W S K M V E R
```

Solution 22

```
T A U I H A L I J S P T Y G C N
M R G O T O Y S F J E J D P O G
B H E C N E M H S E N I B G O E
T H S D H K R E K I S R N D K S
M K L X I A N E M P K T N A I K
O Z D S U C N B L A C K I C E O
Z U V E U Z D D R C D T Q V S B
Z G T A I V Y E E M I E A A E O
T B G S D F X T C L C C A J Q B
I I Y O P C S G D I I H I A Y L
Y D L N B I C I P T P E N W L L
R I I A E I Q C T V K S R H I T
R D X L T W F X D A C H K T H C
T R E R D R N F S Y S L E E P Y
V O X L F L W J X Q Q C O L F M
H P W E A V N Y B R E B K I S W
```

Solution 23

```
M A R S H M A L L O W H X R E J
S U B W W Z V U Y K S T H G I N
T D I A V E Y Z V M A J W H R U
B H E N Y A N T J X N I N Z P H
Z E G P J K O I C T T Z A G Z T
I F A I P A B B W K A S A H X K
I A Y U L F I R E D K A E J B X
A X J U T I P N I O E X D V W T
Q E C X U I W P T G U L G T I Q
D D A B V A F T P S H Q L T G J
B H Q L D I I U P L U T S U B U
Q H E Q F P C B L E C A E P M R
U Y U X Y L X B H D U T F B S N
E F M C Z F I C R W R J W B T G
Q T R Y K V O W C V M V R W E
H B I W P E T R A M A Z X H I S
```

Solution 24

```
E S G V N B X L B L F G X C J M K T
B H S E O M X J J Z U M M Q L D S M
Y K B Y A S G Y T K P F I W V Z I F
N P K H G P A R T Y U F E S T I V E
T V G O L D E N E P D M R C M T C F
I S J A L L T M P E N Q Y I A Y B P
F J W R B L A N K E T S N Y E E M D
W H D L S T E W A S U I K Z X N P S
U K Z A C B F R R U D V N A I I D R
M X V A C G N I L I M S B G H O N S
G Y R X J R C N G T E S N U S N B A
G N E J Z T N R M O K J P T K D S N
Q D I E H V H W A C O J F R T C U I
L Q E P N G V Y A V F B V X Y X I V
A R D N P O Z Q M V E H R S P V C Z
U Z R R P O X B L X A T Q T D V W
C N A P A K H Z B F X E I U V M W A
P O P C O R N S T R I N G H Q W Y E
```

Solution 25

```
H L W U P E P P E R M I N T X B
F P F K P D S X T E D P W U D X
E V E B J O K U V E R W O B Q H
T L Y A K R B U O T L T K S D I
E N G Z C Y V S D N A A E D A X
K V S N S O P R H Z I I H N R W
B D Z W I X A D Z J P M U C I A
O V E F A R C T E T O B U A G P
V H F X Y R K S H S M U P L R D
F K G V A F A S I Z S M Y M S W
G W Z X V L G D I J J E G E L O
L X Q G X A E O I R W D L U I C
P X F S W C C R S A K L I B I F
O J I D V D Q J L B T F F V H W
Y C F K N Y K L Y U L E L O G C
J O V A L L A F W O N S Z B Z I
```

Solution 26

```
T C I Z N U L W L D X M U Z P
K E P Z R I U F T F W R N T M
R N G N G S S Z A L B W V C D
G E M U Z D E R Q M W A I K G
Q B R V L A U Q E J I C K W A
H Z N A M S L G A L C L K N Q
S W U E W Q K A X W T L Y J V
Y K Y P D R X R L N V N G C P
O V A L Y V E P A A H M A I U
Q R P S V O A V H P L O D U R
P T N L E U C C L B S A U S N
G N O A B M F G A I W T L X U
B K H Y T M A T A F S E Y A K
S Q N E V E R G R E E N B K F
L L N K W N O I T I D A R T K
```

Solution 27

```
X I P E U D L S R G I E G A Q H
Y Q B W U F W T N E J Z V F T W
E G J U N K E A X O D Y F J N E
Y N N E I O K E E U W N M P M K
Q L Q I R S I I B O N Y O J R B
A N Q R K T E T X L T R O W Z P
W S K I H A T O A E Y O X W F D
S A F W N N B D H C I K Z S L J
C A R I N G Z D F S A L R E P L
E Y Q E I E I L T Q W V R W C R
C V W W B L M E B E N O R Z R X
V I Z M U M Y R V W D P N A K T
W R K S L L E B H G I E L S R D
B E B U O I V C S C I P E A M V
K H P O L A R B E A R K P V P N
Y S R H E L U U C D P P Z N G I
```

Solution 28

```
H W P O B Q C F T H J E I Y D V
M A M N U V E D Z A J G X E P G
G S K I I N G G A A H Y K N Y O
R K I S K R I N G L E A A X W Y
H G N I T L E M N N X G T N D B
I G D U O N I Q N T I I V N O C
K N L I P R P W F F I K J X A D
T S I G Y I A Q I N I G G W W S
Q H N U T C R A C K E R A B M N
U Y G V X N A T T T S H A S S T
B F G I T F D I D T A Y T L U F
V M U Q R N E Z W A N A J U W Q
Q S X Q T B E L H K O S M Q U H
W D A B X Y T V J B F R U Y R G
D A H B U M V T D W J X N R Q P
D A R Y S U O I C A R G N V T B
```

Solution 29

```
G S J Q G Z D B A H F R U I J Z F C E
D R X P K T W Q I N L O E O Y J W Y D
B R W M S H S C D U P R V N I X Q T K
F T M F F Y Z U L I N E B W E Q N F S
Q O C C L M T H P O F M F W F S W M N
Z U B P A N T S Z P C E K V Z U N F M
I G Y D D O T T O H O E N P U G N J K
I Z M D U V J L C R M R H B X W S V N
R L G Q N D I G I R F R T G G X G I L
Z W G L M I N M O N O P W R K K W R F
F C O J T H W M L A R C T I C U U I B
V H B R Y R S T G L T Z X Z O M D Y L
M W F T O O U K E C A R Q C R Z E N O
F U J F P X D W I B B F V F X B S D V
E F D B B Y Q E N R L N T O Q R K I E
V L Y Y Y Z Z V U Q E H A H D O F G C
L P Z F Y C U W T V R Q F W G Y W Q I
A Y E X J Y Z R Y Y B M E M K I U O V
X O A C D E C I T S L O S R E T N I W
```

Solution 30

```
E T R D Z G S A N G L O O W
L G M J S U N R I S E J H
W G N I R E V I H S U V F
I J O A H T P R D B T W T
Z R A W H L H F M D W A V
W K R N T C C H A I E E R
X Q F E T S X C Q E P L N
K R H N E L Y E K C O H S
R S E G W D E M E W I P E
X Y E G U E N R W R Q Y A
T L L Q N Q S I Y P T B T
B V C Q E A Y M E N O R A
F V C B O J M I F R N Q I V
A Z N N E M A I U B E M O
```

Solution 31

```
L T M O T A P P E T I Z E R S N Y Y R Z
S Y H P V X T C O M C S N X A Y N K Q O
Z A T W Q A J Z N C Q W I M S F E W P B
G X M H Q N L V P I F F Y L Z O E Y Z P
B G H T G Z O S D G D D D O G D L C K Y
N G Y U S I H G D F R G S Q N X A C A Q
A L M P G I L T M B H Y L E B V O K J D
P P G M Y N R N C C Z Z P O F E M A R U
J K T I L U I H U J E F K H S A Q P S B
G O A B A V O L C S N O W M A N P P V H
H G Q W O K S I O R D S M A Q E P Z Q E
B R Z L M C N T K R E E I P N V T T G I
Q D Q I U S X D H L A H T H E R M A L S
X K W U F F Y Z O G R C T V Q F E X S C
G W O W F H Y A V C I G E A M Z P D C F
P L O R I K W O O R N L N G F J O B G D
E M U C N F E N J B G U D V P E M F N R
U Z U Q H H W Z O V I C U Q P G A O G V
B E K L A U X F D G R P X F O B P Q P A
E V P O V S F O P N Y A F J N N X H B J
```

Solution 32

```
D T N W C W H Y S Q H D O A G Z F
P C A Z K P U D C S N Q Q B J S B
Z L B O F E M E E R T E N I P H E
B U V Y C J R H K C E S M F J Z V
S R E E D N I E R N O K F L X T K
E C M Y F C I X F P L R W D C F O
E Y Z S T H C A S S D R A Z Z I L
B G X C L D F C R I E V G T A G Q
V S I I C E H N X E V O A H E U J
B I F D T C X T K T K W A H K R F
K H Y P A I D D S Y D C A K M E F
A I D V O K A A G B T Q A K K S A
N Q R H E M P N C G C H W Y R K S
T A N O D O A C N F I S G W T A C
U J K C H B L Y W H D J T U B T P
N P D Q U F U C P P A M Y A A I U
Q S P Q S P W M N I D O L E O N A
N K V V Y C S N N D Z T C O I G Y
```

Solution 33

```
E L E P M T H T W I N K L E
B Z Z I R N T W T Q F L V V
E S E L C I C I G A F O Z S
S U O R O M A L G I Z N Z C
B O F Y L I M A F B A X K N
J Z R S G N I T E E R G W K
E E L D P I W Y A X C G R Q
P U G S S J T A T X S E D M
A P Z O M W R S H S F T L X
L D P R O P A N E M O M G I
T I Z P N R C X R V V R A W
Q P P F D Q C V L Z Q R F A
X K S K R A P S K I I N G L
J M F T M S Y W W W A Y C Q
```

Solution 34

```
A G N L U W F U R N A C E
C A R D I N A L H A Z O B
J E Q N Q O M P E E W F C
H T G B V E Q R R E C A U
I C S G K L C P I E C T S
Z P A A N H E Z V R S E Q
L G B X O O C J H L T S U
Q U I B C T G Z F P U J I
G W G L S C S D X Y F D L
D D R O R O S W L S F E T
W T T Y F C W L Y U E C R
N G A O R O I U J B D J H
Q F S V T A H I K S P T H
```

Solution 35

```
X L A P I S V H H M T S D G S Y D X
H P U W I T V M N E Y X F C Y H H D
I N S F C M X N W S C C U E K S Q Z
P G C H R I S T M A S T R E E S E M
L D Y Y N E Z O R F R R C D I H G D
I B D Y C Z E D A Y N M O G D V Z Q
O Y R J R X O H Q C P O A Y K R O U
J Z G B J R X F C N A M T M R I M M
M S M M A J J I J S N N T G F B V J
I C V E A N R W H N B S D Q B B N P
X H P P R J R Z E S I G L I X O C Y
H B A Z E I O R B U N B T S E N Q K
P N B S F T N Y G A R L A N D S T Y
G R V L Y E L O C A X A J C E R V L
V G U M Q I D C W R C S Y C G V U C
Y O A A A O Y D O O H O M X J O D O
V W E Y Q E Q Y V G O T I T N Q L A
F H Q X D I C G E N I L X O V M Q B
```

Solution 36

```
N D K A P V S T G Q H F A E W A S F
V Q W G R D K U J K Z M X D B Z F O
O W S L T V W P J J J G E T M F T P
N R K G I F W I B M K Q U H I F U Z
F R O S T D F R A X H B X X W H V Q
J P A I S S D A Z K K B P P Y B E N
M Y R U Z K U D U F T Z O L Q C D M
W F B H T C U O O Y A V D O Y R S I
S B G T I R T Z I G Z G K G H L J L
W P O C P H M E W N S Z P F J B Q S
J S B O X E S J M M O L I E R F Z U
M G D D T A B Y Y O O M E F Z U W A
P C H R I S T M A S C A R D N M K V
A I E D B P Q A C G U Q I A D I R W
K S J C Q E S X C A D O F B H I F K
O Z K W A N Z A A V J J Y E P C N P
J W I N T E R S Q U A S H O G T W G
E E Z C I C P J I O K C N M J O Z S
```

Solution 37

```
J P M C X C D M B W N Q H R K W
R N K O H O W I Q R Q F O O K X
G P V F S I V B L K Q A D M X A
G D M I S T L E T O E N O F J E
R I B R O Z B L E J J K V I A D
B Y F C R A N B E R R I E S S Y
A I T T I Z Q A D D S K S C H A
H I P I L L O W C C P P X N O
K Z T T V Q S C T F K O O D T W
Y Z Y T M I T Y N I T L B P Z W
C W E S E D T T Z Q F E B E S H
S W O L O S A A B Y K J V D M H
G W J N F J N D N A C B S L J M
R M H K S E V I T A L E R A E F
S B U G J P Y N O I T A C A V V
R T B A J R C S N P J F U W M P
```

Solution 38

```
T B X J A F Q W Z G E G O P J Q A E F A
R E H T A E L F M M S V H P G G V U X C
P C K B O R N A T E A Z A K H T G Z O C
W T C R D M Q W Z Q H D E Y R P J R F
Z X Y E A B E P C G J E J F H R S T S L
H K N R Y M I S Q X I I L C P U Z A F V
H G K C I U S C E S B W M H U Z C L O Z
Z W O O L C O A T S S R E T T I L G T V
C Z V D I O C R M S H F T P F E F Q X D
Q E K K M S T D E T Z K L S C T B S T E
R E U P H O R I C G S P E A R M A X R P
H D S P W C X G D Z A I F L N N S C W U
E X L I D O S A N T A S R M D N K C Y G
D B C X C Z G N I F V V P H Z F E C X G
C F U D D C O J S J G W W F C N T L N E
Q R N R A G X C C C V P T N O R I G Z
C J I G R H C G D F X K T A Z X R X G H
Z Z K V A B P H D P X B G D I Z G S O U
E K Z F J O W L A V I S F N E S N J Y V
S T H W E G U P Y Z Z H Z J D J E W N A
```

Solution 39

```
C R R L E M S C M N L U T
J D S O S K I T R I P V O
A H M R E S A Y E X J X V
V F R I E N D L Y E Z V C
J M X S S P I V J X W S H
N S Q M L A P W R C L S Y
E Y I L O E B I T X O P V
T Y C J U L D L L F M M V
H W D N E F A I I S J X D
I D I N A M H L E S X I Z
W D N G A C B S S R S E B
F S V G V C A T A A D H Y
J N V P L F G V U B G S E
```

Solution 40

```
E O C S N O W B O U N D A C J K E
K T P H A R W H O T T O D D Y Q O
L D D J R M K M T B D G W L K U R
G X O F C I T C R A X E Z L V I N
C U B X V S S G P E V M H L L F
Z A A P Z L V T I L O R A C Y T V
W U B R S F Q Y M R A Y B O F K E
A R N P A V O K P A H S P O X P T
S P E F C Z E P O H S C S V C W D
U J K Z C J A K G I E E Q Y X E H
R U T D C S L G H L L O V E D F O
E T V K E T I V L V W X D E L S T
X V I E N V D G G U V C N Z U M S
W N U P L W I U R O U K K E M P F
Q P Z M O R E X U A X C H B W E
O G K G W Q V S O B Z Q M L C G I
N O B U V B I H R F O Y M L K F O
```

Solution 41

```
R B T V W M V G L E I C T I W O E
K Q Q O A J K R F Z W B O N F S I
S G T H D S Y J E R B S X F C Z Z
V U G Z O I E Q Y C A M E R A Q S
H Y G I T O O H C X N C Z A L Q I
L P X A J W N U S P S A S N E W Z
G T J G R V I G Q I K E D K C B J
Y W P R O P A N E N W Q I I X B X
C G K D A X L K N K P G N O U K
D B V H D F U U Z L E M L C U E X
F E L J O D Q W M Y E R O E P I
A J T D S M N Q E S K S O N M X I
Y P M I Y F C P G N W F Y S X K L
Q C A Y R I W N E O S R M E I Q N
Z T R W G I R U L S X R K Z T T J
C D X L Z Y P O A N R P O Y K L Y
X E Z H F U F S H W J C S S L V G
```

Solution 42

```
H R T N Z P E K L C K T L P W V
B S S F F Z S U O Q V W R R A K
K V U N A H J D D U B S N I T W
J E G L O D T A Z C O B M U P Z
C L D F S O E B C B J F E K F S
K G B M U R Z B O K S K P J R P
S C G B L K E E Z I F R A H C I
W I E G V I F M V A X R E D F C
H I I N S B I K R I H R O V H E
D Y D T E Q Y S V A T Y W S T D
E N C R X L J K O W W S L G T C
Z P A K B Y T N H Y G G E O K I
X M A S U N P R H Z R G E F K D
S T A R S Z H R U M U Y A L Y E
N C S P K C X W H T X J K C R R
M L J Z U A N C C A C P U F I I
```

Solution 43

```
C Y E N M N B M V A U V V J G
G J L L L F C Y X J O S F E D
P H L E O D A R H J J H C O B
X C L Z V I R A J G Q F Z L R
L L M E E I O T I I W Z X W G
N D L O D I L R A F C X R A K
V C R B J K I R D R J U C S F
C O O R D I N A T E I T D S A
Q E T C L O G S Y G S U G A R
Z P F V D O M N O W V S E I E
H C B I F F H Q I X I D E L U
U S F E G K K V I N Q N W R V
G O M M C C O W T E E R T S T
O S U A L C S R M J B V Y E W
Y Y P H G S C Y Z P B Z E V R
```

Solution 44

```
Y D X Y N A T P M M Y H E Y X Y A F M U
W V K D N L O Q H A B R S S G X L C J E
B P T H G I L E L D N A C B X M L X T A
H Y T S X O Y L N Q F T H H S R R L J P
L A F G G D S C N I B N K H I P D Y M F
J T N K M B J S U T C A P P U C C I N O
S Y V S L I P P E R S E W V X M Q D J T
I Z G Y G Q H K V T O B S Z K Q B R S E
C D Y M Y G Z F U N S S P C C E C U Q H
M I O U S M J A I P V O F S R T E J G T
Y Z X Y V N Q B Y M Z J H Q P A P K R E
D B V L V C K M C E I R I S H S P E D I
F A J O U S R R B I B R B K M A L E U A
E B E N A C Y D N A C N E A Y G X B R Z
T C H R I S F M S A M A R K E T B Q J T
Y V I W B T D H A V B D N O L V S G L K
E J Z O O S G F Q N S U A Z R P T O Q G
U C F K J R P W Y L I N T P Z Y I B R V
M T P J W E M H Y D Y G E H B H J T L F
H C L V Z I R Y J J V Q R G O Y G I N S Y
```

Solution 45

```
T O C L S W I H I S W I W J D I
L C J Z E H B Q W G A G V V G K
M G S A H S T H G I T D H O F P
E T A N I M U L L I N F U C Q C
E S W E E S U E Z A B T M J P S
U K G S E E W P R Z Y T R W G N
T A R T T T R E T T T D S Y V O
H H G W F H K G A I S N M D U W
F M A Z P G O W R T R L P D G S
T F I P A G S U S E S J D D R H
D U S O U C Z S I K V H V U L O
D F J P N C O B U A S E I G V E
J A Y C R F J F U D O E Z R Q I
G I E O E B R J F L A M E S T N
V T N R V E L J T E A N I Q B G
E H R N B E X L O Z E G K C X U
```

Solution 46

```
S H Q J N F C A F E B X O C
J E D E D E K J D H A Z L T
Z P Q B R O T H E R X F I R
L Z R X G X E S B T N Q H Z
F Z K Q R N N P I V A D O X
D S O O O D I R Z L V R T Q
I G A Z U C E P L R G E C N
M N B E M F E L P E B O I P
Q H Z Y S P B L L O V L D R
F N K G Z O J F D I H A E H
W B A O M N N Y A D F S R O
T G L O W I N G E G U L R T
S L T F O S R C S J M C U A
Q P U Y G L F E D I R O K F
```

Solution 47

```
P N G F P B P I L B D G P G J F B I R J
G Z A J I F H Q K S S Z F O G Q E I Y F
Y Q P V J I Q Q Q F H X U H V N U X C A
R V F C A R B I H K W G T S H I F N T I
L S N R P R E U C Y Y J O X L W X X M N
Q Q W R O L A C L Z O M I K P E O W M X
W J H G P S U C N T K K Q Y B C N D L T
F P E X C I T E D A D S S C D A E F N M
X V O S J K I B R C D C L V Q A P Y Y Z
Q U Q X U H F H I U X X P T D C W I V O
K V G D W S U R D T T S N N H D V G U H
U G X T G T L M H N E A Z D X W H S G F
N B W X L O J O B E N T N F N R A L T S
X G K F B O A W Q L Y G A Z A A H Y M K
R H R R K W N X J F E K V I X E N U G A
Y B S W V R T G I D N H N S D S C C M I
L S P S N C X Q G P X F X Q Q A W F M C
D Z S T O C K I N G S T U F F E R O W V
Z B Z U X S K D J H U W A G V T F Z R A
T S Q O R G U X J T H C J I F W Q Z F D
```

Solution 48

```
F Z O N Y R R X J T R H G U P V J K
W Y V O S N L F K K Q I Q B D K C I
I E Q O R X F P X K Z P K M F U P U
R B O Y I J W P H N M S Q D P Z Q Z
L Z F K A U I U S D B O G U B Q P I
H Z J N C V H S H V M Q S K P E A Y
Z D U P G X D F E J I E D C U X S M
O K L D X S O M E Y T I V I T A N G
W S Q R R C C Z P C H I D O B X O T
R D A Y D G H N D X A S F Q L L W W
M O E L R F C A S O Y N N N I M T P
X J D Y L R S N L Z D A R W S C U T
V S G F A I E I O E D V V U S K B S
Y O O O K A N M Z K T Y W H F E E N
N U U U Q F M A R W U L L C U J N D
W Z K Q X B L T V Y Z E K M L D E U
Z H I U F I R E W O O D O A H Y V I
E X T R A O R D I N A R Y Y N M J H
```

Solution 49

```
S D V J R Q E U I A T Z B C X
U E X L R B J N V X T O M W O
X R E V I H S X A Q S E K S W
E O A H G J I N H C K T W R B
D D Y H W P F P I E R X V I A
N O I T I D A R T A F A A Y N
W N F R I E N D S T T G G J Z
F L O A H Q B O H E Y N C U T
Q F M I U G C D M Z N F U T S
D V L Y N S I H Y A D I L O H
F G S V J U R E I F N L W V M
L A U G H T E R L L T N X K J
N L V A M D B R M S L N I U W
L E L W J P D C F S Q Y H C S
N U M K E E A B W K R X S D Z
```

Solution 50

```
X W P Q J N E T T I M U U Z V A
J Q Y X E M I W W J I Y C F C O
N D B R C V Y B T O Z N R H T L
N H C B E Z X E A Y G H V R H D
F U U S E T A L O C O H C S H U
E N F E B F S B L E G U R X S E
S H Y A S D U U I G O O O K H I
P T S S C U D D L E Z R L M L L
X C V O T X O K R B T P L X U D
M T J N D N B M A I X X Q U U
L U L I H T A N N E N B A U M F
L T K N V E P P H Q O C M L S N
Q H S G H W C K I Q G F W C W J
L C Y J C G P G F K U O M Z I R
M S L E G N A W O N S G U T S R
D V T O B O G G A N I N G S O D
```

Solution 51

```
U H L G T R O N E V I V O D R E P U
P D X E S Y U G G V X G Q I W K E J
V I E T S Y A D I L O H Y P P A H V
D F O K N U M O L N S T Z Z B L Z U
Z R X M A K E O W M G C S A J X K U
K U E M A C Q R W I Z E T U U Y F O
M P G H S H E Z T L A W R K G P Y P
F K X J P I M C Q S Y Y F B A D G Z
G Q W E Y E N R I Z M L T Y R Y J D
H Q M O K N H Y F P P F E Z L E E Y
Y L E M C Q I S F P S I V S A X A C
U I Q L G Y O T C M A O S W N K N D
Z H S U I B W A F R O C K M D I H H
U K N J P Q S L F E U C O Z K A T K
R Y O Y Q O F N I O E S Y C K W F T
N I D H H F M C G E A W N V X B X L
H J K Q E P N H S S Y B N E L I J Y
X V E U M K P E Y Q M B V B N F Q
```

Solution 52

```
W G I Y H B L V C C X W T P Y O C
A C M C B L O O H O S D T M Q P U
S G N I M M I R T P M O V I E S T
T Q T Y P E E L S D N M G E G P N
U N E I B I U J U V U W U K B G Y
E C D V N H B T Z F H Q P N G P A
M Q L B V Y W L F R R O A T I C V
L L I P H O T O A Q L E R J S T L
U U Q K M H O I L C N V E U A J Y
S C K K V L A Y M L K D V H F P C
Q P P J N O P P B Q A I W U C V R
P M W L F C P B P U R M C A H A R
S N O W B O A R D I N G H E D R M
C R W Y I J D U U E N L B S B C P
R Y E J A P L E O N T E E W R S C
D M K E P U D N F A I F S L I A X
B Y X G D V M I P Y J B S S H J M
```

Solution 53

```
U C P N U Q W W B N A A Z H Y
M D R L A M Q S U N O G G H R
P I H A Y W S M J K Q F M U M
K Z A N N Z M Y T Q Y R A M L
U X R S E B N O F I P I L B Y
I N M C N T E X M U V G S U J
Y T O E C A E R E K C I L F M
R N N I A X E E R N S D N Y B
J X Y I N V K B W Y C N A F P
O C V K A J Y G N S H S E Q T
J Z O R U T G N O E L Y A K Y
T I U S W O N S G I E J F U F
L X M T P K D U U L F R C R S
P E L O P H T R O N Y T G S T
A U R Y B P I U O F F W P Z R
```

Solution 54

```
I S M M A G E L V P R D L T Z J
S D H M B A B B E A R D Y V T V
F M U M X B K U U S A L Q Q F I
W B R R U J J B C T Y L F P A P
I Y A L P S I D Q R P K S S M O
S P Y E T I E K R Y E N N I Z C
T E T Z S S K U Y A W R O O D B
Q X C O C A A V G S Z Z O W P S
X G N I N E V E W S N Z H O A B
P L L V P G Z Y F M X O I S G E
P E P R A S M T A U W H W L U A
F T V X J G F E W L I P W I B H
K O L A T N E M I T N E S W N V
D H E U U M X E G R I N T V G G
H N F V N E N C Q P L L E M X Y
Y Y N I B M D O F A U V I R I E
```

Solution 55

```
Y I H X T I D I N G S C T C W
H Q E P B P C L N Z F P A G Q
P M F B L T O I N I F H R A L
Q Q X T O O R R N G K J Y L W
N O A S S M D A T G X F I U K
L O E J L O U U I Q E E N I X
X Q N U W H R U R L B V N M H
M F D I O N O F C E U U G N M
E X E C R I Y T K I W I U T M
P C A Y K E A L L C O T L B D
Z H R H S K M R B L A P O T T
A H M V H S Z U F B Y J W P Z
A E E R O L S A F Y U Z A L C
G L N E P E L N S F C B H T F
S H T S P A R K L I N G Z M R
```

Solution 56

```
N L N W K V U F V Y G D D U Z P
P Y R W X Z C U T Y G V O F W O
B Q H E Q S G A E X Z N Z I K M
N W W O T R B B R W Z O I W K I
G K G H M A P O R D M U G I Q P
A E Q C P O N E Z T I L B G K W
P S M C M O B A L S N N O S G S
P R E H E R L E R F Z V A C B B
R G K V R V O A O G X K K L E B
E D U T L E F T R H E Z T Y S F
C H I M N E Y Z S B S M H N R H
I W Q C O M T U C W E Y O R U O
A R L Q M S F T O W O A C P C A
T I F H T N K B C S F N R L X T
E S I N O E Z A Z F L G S M O G
C S R B Q A M N O D F H K W C O
```

Solution 57

```
K L N M N C K Z H V Y O N W M B M
V I H T F N S N O W M E N F D J L
K L B A C W H T Q Z P J D W I L X
B T K Q T I S S U B Z E R O J B B
L P U L T N S X R F F Q T Z A J T
O F C Z Z A A D E B F D E N P R H
A A X S W A O S O V G I R H S I V
J Y D K V R L C T W J E N B N H H
K V J I L G Q A E E N N X G X Y M
R D S H V K T K U G R T Q I V J R
Y D C A C A E E O G D C O C Q A Q
W S U T N J N Q M N H C E W T D O
E O S D X V K Z A O K T Q S N O I
G R J M T O E K I G C K E U O K J
Z K C U A L E H P L O W O R H I H
V D A D Z P P O S U E I F U D J B
T T T X Y N D N L T W F T R Z F Y
```

Solution 58

```
K K W S N P V F U D J B R H X K Q Z
D S B D T S E V C P O Y L C F E F I
W N A M T O T S L Y L W U F A J S R
S O M M L S O P E L L S Y P H H X P
Y W I W T B U B B L Y K A W I U O H
X B O Q T S E V V D D H I L L T O P
T A N I O K I D E Y X N S A E S F F
N L Z M Y J X R I M W A A U P S K P
Q L X D N G L U H T W E D C L I Y N
G F N I A O I V C C E B C G M R F B
V I P D N N K N D F Q L A F Z A W Q
Y G A V R P N Y G E Z A U B M F S E
T H P L Y G X F Y E P X Q Y K K W N
U T A X A W I N T E R T I M E E E E
K I B B E L E X I P H P X A T G K H
H P Q K P L N L F G Y J G Q R C B Y
W G R T B M E P I J C S Y K S I T A
X C Q E U Z Q M Y K G T N N T T N F
```

Solution 59

```
B T M A G S M E L A S U R E J
Z J I L A H C F F Z Y E V O G
R P Z Y C O T X I N L R Q E G
I M R B N V C O K R L C T C X
X H T H J I Z O O F E N Y D Z
B Z C G V E U D C T O W J V T
F E M N B W M G S T T E O R X
H L L X I Q B X N I O E P R J
J J E E T R E S S E D H E H K
U N P E V I G I G X P P A W Y
B W M W C A R A M E L S A H S
M K E A S E T E O G O B A R G
J V R P C I X I R N D F O H W
G K M I R I N O O J Y R R E U
M T B G A T A T D N B G X B P
```

Solution 60

```
K M P B E J M W G B Z G L B Z K J
M N T R A N X A Q T D L H O L Z Q
B H O Q B P T T L W G X J N G G M
I C P O L A S H P T O T J P V H C
Z K O U K R P U S A W B I B E J Q
T H S K F A G R A C R G J K Z N T
T S C X F D O R X L A D L P L W I
K G O P B E X X E B C F J J I D C
H J E R Y I S F R U Z A B N L B P
I U A F F E C T I O N A T E L A Y
J N C O A L A K I S M I Y N Y X G
L W H A R C Z F D V W A T U A I Y
J R I P W I F Q U V I A S E S E Y
Z A I R P O R T U B F T Q C D I M
U P O G Y B E L S T H G I L U O N
L E W Y R R O Z O S V I X E R V G
Z D N N O R P C P X E G W V S Y K
```

Solution 61

```
Q L X Y I M E H E L H T E B D Q F
M O X D E G P G T Y J A E L L A R
Z X G V E U L V N I Z V N X O X R
U U A X L K Y E G A W N Q U O B T
S N A I H Y D T E W H H G A G T H
U T L A I R W D C L L C G B D S E
G A X H I Q U S E V Z P X Q R J L
J Q O U W R G J N C Q R U E C O D
B S N O W M O B I L I N G K L H G
X E A K N A O H X G S P U H C M O
R O W D Y K D Z P O I K S U W S R
E U I V C L W Q X U M D O K M P T
S M T I H Q I F W V E N E O Y T O
H T S O U H L R M V Q C C B D D
C G I P H P L G R W X P C T O B A
S R Z D A R K R V E J O P C A R D
L N D U L N J Y N J M T E A M E T
```

Solution 62

```
R W P H C R L T W G V J V W Q Y I F
L D N K I G B R M Y R E K A B J X
Z C L D W Q I S Z B K A G I X D U
C G Z S E N W A M I G D W O U F G
H K A D E I J T V M C T A K O I T
W U R B D G F F I I U O U A M R N
Q A T O F H N X E U D F B M X E C
S J N Z N T X A O W B F M K B S X
F H I J K S M E R S T E J A Q I K
V F A T M K D N S O S E O Q W D Y
Y J E E Q Y P P A H L P X N T O
H W G W U N A V Z B W U D Y H L R
E N I Z A G A M W O O D S T O V E
J I N G L E B E L L S D C L Y Y X
G F G H U Y G F H D N I F E G E N
Y I E B I B O D A A Z N A W K L X
L N R A E W G T P I K G F P B F T
R T U F G D P Z L Z J Y P D I Z L
```

Solution 63

```
Y B G N J Y C N S D L F B S Q
K A X O W L G L H T C J T R G
Y U C O L L E J H A O W Y L U
Q U U A N U T C R A C K E R W
T D S G M T F E D N Y X G G Q
D O N A T E U E G L Y S X X F
S V E C H A R I T Y U M R U N
A E H G L W T A H A S A Y S V
H S R A D A L P I V R N B I T
O P A U S I B J Z F V G M Z F
V T H M T K R N M E D E S T G
D S R V X C Z T U I T R V G T
T T X K M L I N R W X O D W M
I N B Z H P E P T A Y R V B I
N R E J H N Y R I Z P B W O R
```

Solution 64

```
L L F B U D N C J N N R G J
C E C A L P E R I F J H Q E A
F C H P I N E C O N E G W G A
V N R P S H N G R A G U S R M
P C H E E R F U L C D W U T K
L Q Z T I W E H D I K T N K K
X F I I P L N P V D O Q R V T
V I S Z G T E E P D M X I I
H P E G N D D G I X J Z U P
E Z E R V N I B N K L B G O S
O I B S A O I X H A O S I E Z
S D Y Q D N L T A T H T U W L
W B D C G E C C S L C D Z W
M L M E W N U E I A E F C G L
M A Q V A L Y H R I T R E Z J
```

Solution 65

```
T X G U E H Y U R R D C Y K Y B
N N A C G M E L Y C E Z R C R X
F N J Z S Z I T E J C P D E A G
J J V J K U R T X F O L H R J S
F J T F O D O Z Y J R Y G L D A
E K T H W J T E F R A E F B X T
F Z U R I D L W G O T C E U O P
L A P V I Z A S A R I N K Z L I
W O G J H Q A H I F O Z I E E L
U X Z D X T L Z R R N G O W T Q
J D Y R W L A Y E S A P W V C
A H A T E X P R M Z J R H F W U
O T H R P O I N S E T T I A K Z
E B O L G N U P S O O E R A B B
K H B O F L G Y F F J M F I H X
W J W F B G H P A G S L J Z M C
```

Solution 66

```
W M N J I K S Z O I M T B T
C H A M P A G N E A A L F R
W H G N I R E V I H S H T C
S C I A I P E X A A J L X P
G L A M O U R P E E R F W M
E U A G N Q N R A S F T F J
P I E L N E H O B P H F N S
F R P S O I Y C Q B S K Y X
U P C N T M D L I U C W P B
G U E R A O K A W W J F E D
P F B L F C W I E O X F Z N
E Y M L P O E M N R Q Z M O
W A C S F J V P M W G E N C
J D A Q T T K A F E E W E X
```

Solution 67

```
E P L F G E A V C G L Z N U
C H A R G U Y Z U W M Z T Z
H A V G N N B B U F O W R H
E A S P L N I E Y S U R S V
F D E H V O V L X E N Z S A
L Z J T M M V I D Z T U J O
M E O O T E T E K N A L B G
Z E G C L O R V L K I X U M
C C N N C O H E E C N K Q A
T Y C O Y A V J U Z R E A Y
V C U T R W S L H U S Q V R
A P H U L A O I S T R P O O
B L K X L X H N O F E L S G
D T N Y Y E D Q S N Z P X A
```

Solution 68

```
O Z C Z Z I A E A K N R I K S
I P C P H I P S P E H L U G F
Q H H U E F A Y K V W Q B Z R
U N I X P X U N R G R L Q T X
M T P S Q C M L G E O H U I N
E U Y I B W A S P E N A H V V
S I K D U Y G K R K L E L Z X
Z F H F W T I W E E R I E Y R
O B C U Z I C P Q P L O C R Z
W K I T M M I S Y X M O E C G
U S R A E B R A L O P M R O D
B V F F B V L X Y R A U N A J
C Z Q P E N L E U P H O R I C
F J H U E V F E A E W N V U T
T K Q B R B E N V A S H Q F O
```

Solution 69

```
L B C E F K L V H H K K X U W F
P Q C A P M Z C V A R J M I V C
Q S W F H D X O F F K S R C P S
Q T B M C A N N R S F K P L S U
Q O J B P H Q F Y I F F U A P L
P A A E T S W E A T E R R N E B
C S M R A D E C V D K X K T A T
W T D R J N D T U I U X N Y R H
B Y L I M A F I N T E V B A M C
F S L E E P Y O M A K C D O I W
A T K S Q Z C N Q D L R E K N A
M V A P K P F S S A T L P R T F
Y A Z K I B R W L M T E A W W Q
B A C I S N I A W Z Z I B G U R
O I H M N A P N C D B I L J M Y
B V N Q Z U R S U P Y C R D C Q
```

Solution 70

```
G Y R E T T O P R U O M W H
Y N D V B F R Y G R Y L H R
Q U I D C T E P A T Y P F A
X R U R O C T I Z C Z U U R
X K E I E T T Y L H D W R E
J D O M I H T C Y E R L U C
E I E H F S T O R R B J C Z
U E N T O T E A H I V A U X
A F T G H Y R L G S F E T G
K S D I L G W S P H E M X L
S Y L D N E I R F P E N S O
T E J D L G N L U H A K I V
C S S Z J V I O E S X K F P
C O Z K X A X F D D H W N I
```

Solution 71

```
I L S C H Z J P W O U V F I T Z
R A O V R E R H M I G S E V U J
Y G K A T E Q T H H G C T G M J
D P Y K C B H N G E J V Q L G I
D R M K I W S T P C S G W W O Y
D Q D S A F V V A U D T M X L N
C L P E N V U D Y E E K A P W B
V E X L T T S C C Z L X F O B A
X P J X S A M N J R J P F P C K
A F H L P E N J O Y M E N T F E
S P I C E N K I U W R N G D S R
Q S S G D O I A M Q A S A G E Y
B L D M H V N X C U N N K L Y I
K D I A H Z G D N X L C G U G H
P F S F Z T N N S C C L A E T Y
S X N S D Y N O Z V R Q I B L O
```

Solution 72

```
W N J Y A E I M Y E O W Z T D G H
X W P X K F G Y H F B K S M P Q X
M H O C E R F P I R H N I P E W D
P A O X D N L E O O Z W S A E Z C
O P D P C E N A C S E Y T L O P H
U T T W E D L B G T P C E S V U C
D M A A S F T I S E I R R U L F V
I V R T N L U N C P S O P J T X P
E J Y A O J O L I A K L N N Z Z P
X Q N H W P Z P G M T U F A C D G
X E G P M O T I E I R E G U T N C
B Z I P O B T E I S H E S A G E W
E I I G B P Q Z E S K L P H N K G
H U J P I Z M T G W W P E V W W V
C E W G L C G F J F S E Z Q E F S
M F S I E N M Q C R I D U C Y P W
P O N F U E D M F J X L L B R Z K
```

Solution 73

```
W E K E K Q D D A M M X U Y
M C B W Z G B E E V Z P M Y
P U Q Q J R S P G L Z P S Q
R T C A V X E C L A T K T L
R Y R O V A S T T J G S B P
O F Z A H C I E T M C N E W
A K Z L N Y O S M A D P E N
D B L X G Q N M I A L C X E
T R H E V J U N F X G P Z C
R D T A M R T I U O Y U K D
I T I C E O J F L N R O Y Y
P H P R E C N A R P W T I O
S Z E B G Z A N I W M F O E
R Y R E P P I L S A V Y P P
```

Solution 74

```
I F T Y M G S Z I U L T Z T M K N V
U W E B H E B U C K S G Z F I Q Y E
B H F H E E S T R O L L R Z U L Q W
B Y V Z F V W B Y W T J U Q O P F
D M L W G X T E Y Y P O H S Q O S E
P T J O C H R I S T M A S T R E E L
L M S W H H W E C A X U P G G Y Q I
S H K C Q M G P N O M Q Q X R T I Z
K T V T T X C S K N S T T J F G N A
Y P R T D A L A H E O G S H L W K A
Q Z D E I T N O B Y O D H I M J T V
X S H M L T Y N O Z P C V D R W A I
W U O E M A A S E C U G Y E C H P D
S V H I N K T Z Y N R I B I Y N C A
M J A C J J U I Q B B E C M Z T T D
U U U A A H O B V P O A R D X E U G
K K L I G E C Y R E T S U L B H W N
D G J G O S E T A K S X E M J U R K
```

Solution 75

```
Y R O S M K H Q M F B F W T
P I E U E D F E L M Q N O N
C U H T R L L Q X U T I B D
C O O C N I C H N S Q P O Z
Z E E S E I L I M A F X U I
K V H Y Y L W I C A Z U Y V
R E Y F S O D S G I T T V S
U F C T T K T N Y H N L I G
V D G A T H E R A N T Z B N
D D O W E N K Q V C Z S M L
W N D P E P E S L E Z I S H
P X U M F L A V I R U R U L
Z W F D U O I B D R R F H Z
U N G U B M U H H A B C Y H
```

Solution 76

```
M Z W R E P M S S Q H T F F C
U Y F S W R J Q V K K S C G R
V X N I O E T T E U X E D Y X
U T W V L S P C R I S P Y Y M
C N K M S E R W H G X N F V R
N W Y I E N G E A I Y P M F F
T M R P W T E P T U M L U Y I
B U X Z I S A N U A P N W L H
W M Q Z N T S L F Y K E E U M
U R A F G P Y F L E N S V Y P
K K E L T S I H W P S M E Q O
I D R U M M E R B O Y T N C Z
M N G V W D E F O A O Q I D I
V U W O I S W Y A R G A N V Y
X Y I D K D D Y C C W Q G O E
```

Solution 77

```
V W E F F Z D J S N I A R T F N
C M H H Z J J D E T E S P N C T
X M R K Q S B K Q X R H D V O P
O T P W Z C N L V S L O U G K K
D Y A U I U D O V Q B V P J Y W
S O L Y C P E M W U C E D R M U
E T G P R C K C G I M L O L I F
S W U S O A D Z A R N S U M R A
B B G N L K M I M R I G J X R F
H V V X T E T P P E V J I L E C
P D O M V S D Z P L N E A W K S
C T S R V I E D G I Y E F J R C
T V T U V L F H I G K Z R H H Q
T J R H M O J O C N P U O E O J
B Y K S F G I R T S G S S C S G
S X N H N I V Z J X M P T K C Z
```

Solution 78

```
M B P D J E T O D C R F P V
N L U Q E J M I I H P O A V
H N M G N I K K S E R P A X
L Q E G Z O T N P R J O Y G
Y Z T S Q K N B L I K V M E
Q C A K H Y M K A S P E W U
Z O L X E D S Y Y H D R H D
E I L W C V G S S E U S B J
S H I A O U I M Y D M E J J
K U C H A R I T I E S A X S
Z W F J M S P C A L K S E B
X N Y L J O X W F E T R O L
Q P V E D U T I T A R G U J
Y E W F X I C D L K Q C W T
S U S W J Z X H J A E T U M
```

Solution 79

```
U M L N C C M P S T X H V J X B S D J
R Q M T Q H I B P N N G H O Y U K Z P
O L C G F O R T G M H I G X G S O Q W
C O N P N C A I K Z S Z G N T V N Q I
B X I F H I C O S B K G H F L W H J
N R K B M R L T S T E T O Y T X H X G
X T E Q Y P E I M E M A L F D G T H M
Q D N P S N S E M R C A U Y R Q I U I
D F R X A Y T X D S L R S T G H I X U
Q U A J W P G T K N P Z E C Y O F W T
U I N Q Y Y G D T H I Z W T A B O J E
M I O W L T L N I M C E E L S R A V A
I E O N O Y I R I O Z D R R M A D U O
R O O F T O P R T P L L X G I L N S L
J W H R I W D R U G P N P V T F M T F
X A I P G Y F V B C U A U H T Z C J A
A H H Q Q H T P S I E K R F E X A O C
M V K S K E V X B A O S G W N D E W
W G I Y K Q P P P Y P L I Q S E R F R M
```

Solution 80

```
Q Q B Q P J T Y A Z C T Z H
H O A P Y O Q J K G H R W O
R E G D I U G V P V V W L S
U E N M D I I K Z F W P J O
Z G Z R Q Q D E P J A L M P
Z D R E S R S P R U C E A I
S Y E A S N O I S A C C O K
E E F D C F R I E N D U U I
A H G A N E V E M G R E E N
N Z O A C U F Z D D M M C D
M N M P K A O U K N I X P N
T K Q O K C C R L N O J A E
Q A N O W I A H G I V W Y S
Z V S N A C E P Y R A G U S
```

105

Solution 81

```
Z Y Y L A U D N G G F F J
W H R M D D S H Q A A J Z
A E C S Q B A N O L V I M
D Z S P E C I A L I S F J
L E Q Y C V A C U D D L E
C A R D A M O M Q U F A Q
X P Y I X W J D F D O Z R
F M A E F N W S N Q V V K
E B B R R K N U M P I H C
N R V J T S N O W F A L L
W I T H A N K F U L O Z E
Y R K B Y Z E G N I V O L
C V I L L B B R D Z A T R
```

Solution 82

```
I M E I E G N I N R O M H V X
S E Q B A T P T O C Z N L O R
C E Q H G J A J S W I X H O M
O G V L U G S I G A H B X A K
O S Y L U I E W C Y E A O A T
T H H A E F N O E E G F J D Y
E Q M J M T Y W U A R I S H I
R W K S B I A O D I T P Z R X
U B A H W N S L J O P E P O H
A F W F V G W T O G C W R A Z
U Y V V J Y D X L C I G J S D
I Y E L J Z D P L E O C U T R
B T Z C W B P L A N T H C T M
U A V J O Y A G A R F O C N H
V D D Q A Q B J K E L F E H A
```

Solution 83

```
Z S R Z K D A P A X S N N H U P
F F A H P Z Z R R S K H I Y V D
E B H E Q K R S W J X E Y V F C
T O K O J E M S A I K C Q O Q L
S P T C L G A H E A T K F B M R
N U A E O H P D X V M P M T Q V
V O N R Y S L Z G L O W I N G U
K E I A V A E Q T Y B L I I V O
F N E T M X M Y I I D P C L L P
X E M L A W B U R G U N D Y Q B
Z I F L U N O T Y R H R P U X M
E Q Z Q A R R N N E U C F H D T
C E C N A V R E S B O L R X S S
C S K V G C Z I B H Y K F I X A
A E O I H C A T S I P Y T Y B W
L T O N J D Y D Q X H R S G G O
```

Solution 84

```
S F C P R H M X E E D H M J I
X S G C I U J N I K O J O R N
D N U F B C M A F C T V A X Y
F U J A M Z Y P E L C A R I M
G G Q G C O J F U S R L L E S
M G I Y R R U Q I N S T Q J Q
U L L C E N Z T A S C O W P D
H E A V E N X Y O J U H L V V
F Q M A H S O L R I R O P G G
Y W M B Y J K H B R W N X S K
M S J R R S U A L C A T N A S
H F T I H A V G T P D T M Z Y
T Y I N K Q C L Q E V I S B O
A K D Q R G Q E J Y Q W J V F
E Q Y O J H E N I J Q C M M J
```

Solution 85

```
Y C R S K T N I M R E P P E P
A F V H U V Z C W L T P Q S T
G B S T R O F M O C Q X P O V
W I I L L E R D R Z O A V I C
E H B U T T N E V C I O D N D
H N Z N Y X O A N N U L F O R
J O F Y K A A Y H E M N Y Z V
U H C S D O P R S P G Q E Z L
M G K R T Y E R E K O G V M C
F N X H E J W G H T C L H N Z
H R V E W C A R D I N A L I C
W A H X U M L V Z O I A N E G
E K W T J B N U B O L Z B S C
P Y P B W I U V B O F Y X T X
M Q W R E A T H S O K G D D L
```

107

Made in the USA
Monee, IL
29 December 2022

23927833R00063